제임스 게일
선교 편지

내한선교사편지번역총서 11

제임스 게일
선교 편지

제임스 게일 지음
박종철 옮김

역자 서문

　게일 선교사님은 한국의 문화와 종교에 대한 깊은 이해를 바탕으로 서구 기독교 개념인 'God'을 우리말 '하나님'으로 번역하신 분입니다. 1888년부터 1927년까지 40여 년이 넘는 기간을 한국에 거주하며 선교와 교육, 그리고 번역과 저술에 힘쓴 선교사로 당대 서양인들로부터 "게일보다 한국을 더 아는 사람도 없고, 게일보다 한국 사람을 마음 깊이 사랑했던 사람도 없다. 그리고 게일보다 더 한국 사람들로부터 사랑을 받은 선교사도 없다."[1]라는 평가를 받았던 분이기도 합니다.

　국내외에 게일 선교사님에 관한 연구서와 번역서들이 다수 있지만, 본서에서 주로 다룬 게일 선교사님의 편지는 미 국무부 재외공관 문서 및 미국 북장로교 해외선교부 소장본을 저본(底本)으로 삼고 있습니다. 대부분 수기(手記)로 기록된 원문을 전사한 후, 이를 우리말로 옮긴 이번 번역은 한국연구재단의 인문사회연구소지원사업의 일환으로 연세대학교 신과대학 부설 한국기독교문화연구소가 수행하고 있는 "내한 선교사 편지(1880~1942) 디지털 아카이브 구축" 과정에 포함되어 있습니다.

1　Elspeth Keith Robinson Scott, *The Cloud Dream of the Nine*, trans. James Scarth Gale(London: Daniel O' Connor, 1922), p.10. 유영식, 『착한 목자: 게일의 삶과 선교』(서울: 진흥, 2013), 19쪽에서 재인용.

제2차연도 연구과제 가운데 하나인 게일 선교사님의 편지 번역은 한미경 박사님이 조사하고, 정리한 컬렉션 가운데 국내에 소개되지 않은 문서를 토대로 하고 있습니다. 번역 과정에서도 따뜻한 도움을 주신 박사님께 다시 한번 감사의 말씀을 드립니다. 자료 정리에 함께 애써주신 윤현숙 박사님께도 감사의 말씀을 전합니다. 그리고 해제와 원문 전체를 꼼꼼히 읽어주시고 조언해 주신 김혜경 목사님과 김일석 박사님, 부족한 원고를 정리하시느라 애써주신 이경민 선생님께도 고마운 마음을 전합니다. 편집과 번역 과정에서 생긴 오류는 모두 역자인 저에게 있습니다.

마지막으로 출판에 많은 도움과 조언을 주신 김종우 박사님, 본 번역서 출간에 물심양면으로 애써주신 허경진 교수님과 정재현 교수님, 한국기독교문화연구소의 소장이신 홍국평 교수님, 그리고 연세대학교 연합신학대학원 원장님이신 방연상 교수님께도 진심 어린 감사의 말씀을 드립니다. 본 번역서가 한국을 위해 헌신하신 게일 선교사님의 선교 사역을 이해하고, 연구하는 데 도움이 되길 바랍니다.

2023년 5월 9일
옮긴이 박종철

차례

역자 서문 … 5
일러두기 … 10
해제 … 11

번역문

1892년 3월 31일 … 21
1892년 4월 3일 … 22
1899년 10월 23일 … 23
1900년 8월 18일 … 25
1900년 9월 7일 … 26
1900년 9월 24일 … 27
1901년 1월 10일 … 28
1901년 2월 21일 … 29
1901년 6월 22일 … 31
1901년 8월 16일 … 33
1901년 11월 6일 … 35
1901년 11월 8일 … 39
1901년 11월 24일 … 41
1902년 1월 24일 … 43
1902년 4월 9일 … 48
1902년 4월 28일 … 50
1902년 10월 7일 … 53
1903년 1월 30일 … 56
1903년 1월 31일 … 57

1903년 2월 2일 … 58
1903년 2월 4일 … 59
1903년 2월 13일 … 60
1903년 2월 14일 … 62
1903년 2월 19일 … 63
1903년 2월 20일 … 65
1903년 3월 3일 … 66
1903년 3월 3일 … 68
1903년 3월 4일 … 69
1903년 3월 4일 … 71
1903년 3월 5일 … 72
1903년 3월 5일 … 74
1903년 3월 6일 … 75
1903년 3월 13일 … 76
1903년 3월 14일 … 80
1903년 3월 14일 … 81
1903년 12월 22일 … 84
1904년 1월 6일 … 86
1904년 1월 14일 … 88

1904년 1월 18일 ⋯90
1904년 4월 22일 ⋯93
1906년 6월 11일 ⋯94
1906년 7월 9일 ⋯96
1906년 8월 21일 ⋯98
1907년 5월 11일 ⋯100
1907년 5월 22일 ⋯105
1907년 9월 8일 ⋯106
1907년 11월 6일 ⋯110
1908년 2월 3일 ⋯115
1908년 2월 8일 ⋯127
1908년 2월 19일 ⋯129
1908년 5월 16일 ⋯132
1908년 9월 18일 ⋯135
1909년 12월 16일 ⋯138
1910년 6월 16일 ⋯142

1910년 8월 11일 ⋯143
1911년 6월 14일 ⋯148
1911년 7월 25일 ⋯149
1911년 8월 21일 ⋯152
1915년 1월 30일 ⋯155
1919년 11월 16일 ⋯157
1919년 10월 28일 ⋯159
1920년 4월 20일 ⋯160
1920년 4월 22일 ⋯162
1925년 6월 3일 ⋯163
1925년 10월 20일 ⋯167
1927년 8월 1일 ⋯169
1928년 1월 21일 ⋯174
1928년 3월 6일 ⋯176
1930년 10월 16일 ⋯178

원문

Mar. 31st, 1892 ⋯183
Apr. 3rd, 1892 ⋯184
Oct. 23rd, 1899 ⋯185
Aug. 18th, 1900 ⋯187
Sep. 7th, 1900 ⋯188
Sep. 24th, 1900 ⋯189
Jan. 10th, 1901 ⋯190
Feb. 21st, 1901 ⋯191
Jun. 22nd, 1901 ⋯193

Aug. 16th, 1901 ⋯195
Nov. 6th, 1901 ⋯197
Nov. 8th, 1901 ⋯201
Dec. 24th, 1901 ⋯203
Jan. 24th, 1902 ⋯205
Apr. 9th, 1902 ⋯210
Apr. 28th, 1902 ⋯212
Oct. 7th, 1902 ⋯215
Jan. 30th, 1903 ⋯218

Jan. 31st, 1903 ··· 219
Feb. 2nd, 1903 ··· 220
Feb. 4th, 1903 ··· 221
Feb. 13th, 1903 ··· 222
Feb. 14th, 1903 ··· 224
Feb. 19th, 1903 ··· 225
Feb. 20th, 1903 ··· 227
Mar. 3rd, 1903 ··· 228
Mar. 3rd, 1903 ··· 229
Mar. 4th, 1903 ··· 230
Mar. 4th, 1903 ··· 232
Mar. 5th, 1903 ··· 233
Mar. 5th, 1903 ··· 235
Mar. 6th, 1903 ··· 236
Mar. 13th, 1903 ··· 237
Mar. 14th, 1903 ··· 241
Mar. 14th, 1903 ··· 242
Dec. 22nd, 1903 ··· 245
Jan. 6th, 1904 ··· 247
Jan. 14th, 1904 ··· 249
Jan. 18th, 1904 ··· 251
Apr. 22nd, 1904 ··· 254
Jun. 11th, 1906 ··· 255
Jul. 9th, 1906 ··· 257
Aug. 21st, 1906 ··· 259
May 11st, 1907 ··· 261

May 22nd, 1907 ··· 266
Sep. 8th, 1907 ··· 267
Nov. 6th, 1907 ··· 270
Feb. 3rd, 1908 ··· 275
Feb. 8th, 1908 ··· 286
Feb. 19th, 1908 ··· 288
May 16th, 1908 ··· 291
Sep. 18th, 1908 ··· 294
Dec. 16th, 1909 ··· 297
Jun. 16th, 1910 ··· 301
Aug. 11th, 1910 ··· 302
Jun. 14th, 1911 ··· 307
Jul. 25th, 1911 ··· 308
Aug. 21st, 1911 ··· 312
Jan. 30th, 1915 ··· 315
Nov. 16th, 1919 ··· 317
Oct. 28th, 1919 ··· 319
Apr. 20th, 1920 ··· 320
Apr. 22nd, 1920 ··· 322
Jun. 3rd, 1925 ··· 323
Oct. 20th, 1925 ··· 327
Aug. 1st, 1927 ··· 329
Jan. 21st, 1928 ··· 334
Mar. 6th, 1928 ··· 336
Oct. 16th, 1930 ··· 338

일러두기

1. 미국 국립문서기록관리청(National Archives and Records Administ-ration)의 국무부 재외공관 문서(Records of the Foreign Service Posts of the United States)와 장로교역사학회(Presbyterian Historical Soci-ety)의 미국 북장로교 해외선교부 문서(Presbyterian Church in the U.S.A. Board of Foreign Missions records)를 저본으로 번역하였다.
2. 번역문, 원문 순서로 수록하였다.
3. 원문에서 식별하기 어려운 단어는 대괄호([   ]) 안에 표기하거나 [판독불가], [illegible]로 대신하였다.
4. 원문에 단어 오류가 있을 경우 [sic]로 표기하고 그대로 두었다.
5. 한국인의 실제 이름을 확인할 수 없는 경우, 영문 표기로 된 발음을 병기하였다.
6. 번역의 뜻을 분명히 밝히기 위해 원문에는 없는 한자를 병기하였다.
7. 원문에는 밑줄, 하이픈(-), 이음줄(--), 콤마(,) 등이 자주 사용됐는데, 번역문에서는 원문의 내용을 유지하며 이를 삭제하였다.

해제

1. 자료 소개

본 역서의 저본이 된 게일의 서한들은 미국 국립문서기록관리청 (National Archives and Records Administration)의 국무부 재외공관 문서 (Records of the Foreign Service Posts of the United States)와 장로교역사 학회(Presbyterian Historical Society)의 미국 북장로교 해외선교부 문서(Presbyterian Church in the U.S.A. Board of Foreign Missions records) 에 소장되어 있다. 내한 초기인 1892년부터 한국을 떠난 이후인 1930년까지 미국 공사관 남당자와 미국 북장로교 선교부 담당자들과 나눈 이 편지들을 통해 게일 선교사가 한국에서 겪은 생생한 경험들 과 소회들을 살펴볼 수 있다는 점에서 중요한 가치를 지닌다.

2. 편지의 저자

게일(James Scarth Gale: 奇一, 1863~1937)은 1888년 12월 15일 부산 을 통해 한국에 첫발을 내디뎠다. 그 후, 40년이 넘는 기간 동안 선 교, 교육, 저술 및 번역 등의 다양한 영역에서 눈부신 활동을 벌였다. 게일은 번역가로서 가장 큰 업적을 남겼다. 1895년에는 기독교 고전 중 하나인 『텬로력뎡』을 번역하여 한국에 알렸고, 1913년에는 춘향 전 및 심청전을 영역했고, 1922년에는 김만중의 『九雲夢』을 번역하여 서방세계에 소개하였다. 그뿐 아니라 3년 5개월의 작업 끝에 1897년에는 『한영ᄌ뎐』을, 1925년에는 일명 『게일성경』이라 불리는 『新譯 新舊約全書』(기독교창문사)를 출판하였다. 그가 남긴 수많은 업적 중 단연 주목할 만한 일은 기독교 유일신 개념을 한국 정신사적 맥락에서 하나님이라는 단어로 번역해 한국기독교 역사에 남긴 일이라 할 수 있다.

1) 한국에 선교를 오기까지

게일은 1863년 2월 19일 캐나다 토론토 근교에 있는 앨마(Alma)라는 작은 농촌 마을에서 태어났다. 스코틀랜드계 이민자인 존 조지 게일(John G. Gale, 1819~1909))과 네덜란드계 미국인이었던 마이애미 브레트(Miami Bradt, 1829~1909) 사이에 있던 6남매 중 5번째 아이였다. 게일의 아버지 존 게일은 스코틀랜드계 장로교 가문 출신이었으며, 앨마 최초의 장로교교회를 창립하는 데 주도적 역할을 했다. 세인트 캐서린 대학 예비 고등학교(St. Catharines Collegiate)를 스무 살에 졸업한 게일은 1884년에 토론토대학교에 입학한다. 이듬해인 1895년에는 파리에 있는 프랑스 대학(College de France)에서 유학하면서 도시선교회인 맥콜선교회(McCall Misson)에 소속되어 첫 선교 활동을 시작한다. 맥콜선교회에서의 활동은 후일, 게일이 자신의 선교관을 형성하는 데 큰 영향을 준 것으로 평가된다. 1888년 토론토대학을 졸업한 게일은 곧 토론토대학 유니버시티 칼리지 YMCA(UC-YMCA)에서 선교사로 임명되어 한국으로 파송된다. UC-YMCA 회의록(1888)에는 게일 파송과 관련하여 "유니버시티 YMCA 선교회의 첫 선교사로 J. S. Gale을 임명했고, Corea를 선교지로 택했다"라는 기록이 남아있다.[1]

2) 한국에서의 초기 활동

1888년 10월 18일 토론토에서 출발한 게일은 약 2달간의 여행 끝에 1888년 12월 12일 부산항 도착한다. 그 후, 언더우드(Horace G. Underwood, 1859~1916)를 만나 한동안 서울에 머물던 게일은 한국의 삶과 문화를 더 가까이서 접하고 배우기 위해 서울을 떠날 결심을 하게 되고, 1889년 3월 17일 황해도 해주(海州)를 향한 여행을 감행한다. 해주에 도착해 외롭고 힘든 시간을 보내던 게일은 안씨(安氏)[2]의 도움으로 거처를 소래(松川)로 옮기게 되는데, 소래는 한국인이 세운 최초의 개신교 교회가 있던 곳이다. 게일은 그곳에서 한학자이자, 소래 교회 교인이었던 이창직(李昌稙)을 만나게 되는데, 그는 이후 게일의 평생 친구가 된다. 소래에서 머문 3개월 동안 게일은 우리말 공부를 하면서 한국의 문화와 생활 양식을 배우게 된다. 1889년 6월에 이창직과 함께 배를 타고 제물포를 거처 서울에 돌아온 후, 언더우드와 헐버트(Homer B. Hulbert, 1863~1949)글 노와 『한영사전(Korean-English Dictionary)』 편찬에 도움을 준다. 그 후, 1889년 8월 초 부산에 내려가 10개월간 선교 활동을 하다가 부산에 내려온 의료 선교사 헤론(John W. Heron, 1856~1890)의 권유로 1890년 5월에 다시 상경한다. 상경한 후에는 조선성교서회(대한기독교서회 전신) 창립위원과 예수교학당 교사로 활동한다. 서울에서 마펫(Samuel A. Moffett, 1864~1939)을 만나 가까워진 게일은 1891년 2월 서상륜을 대동하여 만주 봉천에 있던 스코틀랜드장로회 선교사 존 로스(John Ross, 1842~1915)를 만나러 가기도 했다.

---

1 유영식, 『착한 목자: 게일의 삶과 선교』(서울: 진흥, 2013), 26쪽에서 재인용.
2 안씨(安氏)의 이름이 명확히 밝혀져 있지 않다. 유영식 선생은 안씨 이름을 '안한평' 이라 인급한 바가 있다.

3) 원산에서의 선교

유니버시티 칼리지 YMCA 파송 선교사였던 게일은 경제적 빈곤함과 선교 활동의 제약이라는 어려움을 겪던 중에 마펫의 도움으로 1891년 8월 31일 미국 북장로교 선교부 소속으로 적을 옮기게 된다. 미국 북장로교 선교사가 된 후, 곤당골에 머물며 한동안 보육원(경신학교의 전신)과 여학교(정신여고의 전신)를 맡아 운영하던 게일은 이듬해인 1892년 4월 4일 의료 선교사 헤론과 사별한 해리엇 깁슨(Harriet Gibson, 1861~1908)과 결혼하게 된다. 당시 해리엇 깁슨에게는 애니(Annie, 1886~1975)와 제시(Jessie, 1888~1978)라는 두 딸이 있었다. 같은 해 7월 게일은 가족들과 함께 원산(元山)으로 옮겨 선교 활동을 시작하게 되는데, 불안한 정세로 인해 원산에서의 선교와 생활은 녹록지 않았다. 특히, 원산에 있는 동안 게일은 말라리아에 걸려 고생했고, 아내 해리엇은 결핵이라는 지병을 얻게 되는데, 이로 인해 그녀는 세상을 떠날 때까지 힘들어해야만 했다. 원산에 머무는 동안 지역 선교 활동 이외에 『텬로력뎡』(삼문출판사, 1895)과 『한영ᄌ뎐』(Yokohama, Kelly & Walsh, 1897)을 포함해 여러 편의 번역과 저작을 완성하였다.[3]

4) 연못골 교회에서의 사역

1897년 5월 13일 미국 인디애나 주 뉴 올버니(New Albany) 장로교 노회에서 목사 안수를 받은 게일은 안식년으로 1년간 미국과 캐나다에서 머문 후, 1898년 4월 원산으로 돌아온다. 곧 원산 지역은 캐나다 선교지부로 귀속되었고, 다음 해인 1899년 9월 9일 게일은 서울

3　같은 책, 119쪽.

로 가게 된다. 이로서 1892년부터 시작해 4년 10개월간 진행한 원산에서의 사역을 끝내게 된다. 그 후, 게일은 1900년에 미국 북장로선교부 소속인 연못골 교회에 다니엘 기포드(Daniel L. Gifford, 1861~1900)의 후임으로 임명되어 한국을 떠난 1927년까지 담임 목사로 섬기게 된다. 1900년 목사로 부임할 당시, 백여 명에 불과했던 연못골 교회 교인 수는 1908년에 이르러 800명으로 늘어나게 된다. 한편, 요양과 자녀교육을 위해 1900년 5월 한국을 떠났던 해리엇은 1907년 교인들의 환영을 받으며 한국에 돌아오게 된다. 하지만 안타깝게도 이듬해인 1908년 3월 28일 아내 해리엇은 폐렴으로 세상을 떠나고, 한 달 후인 4월에는 동역자이자 연못골 교회 장로였던 고찬익(高燦益)이 세상을 떠나게 된다. 이듬해 1909년에는 아버지 어머니 모두 세상을 떠나는 아픔을 겪게 된다.

5) 재혼 후 사역과 은퇴

1910년 4월 7일 게일은 에이다 세일(Ada L. Sale, 1875~1953)과 요코하마에서 결혼식을 올리게 되는데, 영국 태생인 에이다는 당시 게일보다는 12살 연하였다. 게일과 에이다 사이에는 2남 1녀의 자녀가 있었는데, 첫째는 조지(George J. Gale, 1911~2007), 둘째는 비비안(Vivian Scarth, 1916~1917), 셋째는 에이다(Ada Alexandra, 1918~1995)였다. 결혼 이후 게일은 1911년부터 1916년까지 왕립 아시아 학회(Royal Asiatic Society)의 한국학회 회장직을 맡았고, 1915년에는 연희 전문학교 이사를 역임하기도 했다. 1916년부터 1923년까지 성경개역을 위한 개역자회 회장직을 맡았다. 이외에도 많은 선교 활동, 교육사업 및 집필과 저술에 힘썼던 게일은 1927년 5월 연동교회를 사임하고, 6월 22일 한국을 떠나 캐나다로 향한다. 이후 1927년 10월 아내와 함께 영국 바스(Bath)로 이주하고, 1928년 선교 사역에서 공식 은퇴한다. 1937년 1월 31일, 게일은 74세로 바스에서 생애를 마감하고, 랜스다운(Lansdawn) 공원묘지에 안장되었다.

3. 편지의 내용

본서에 번역 수록된 편지는 1892년 3월 31일 미국공사였던 알렌(Horace N. Allen, 1858~1932)에게 해리엇과의 결혼식에 참석을 요청한 첫 번째 편지를 시작으로 게일이 사망하기 7년 전인 1930년 10월 선교본부 총무 맥어피 박사에게 보낸 편지까지 총 69편이다. 연도별로 구분해 보면 1892년 2편, 1899년 1편, 1900년 3편, 1901년 7편, 1902년 4편, 1903년 20편, 1904년 4편, 1906년 3편, 1907년 4편, 1908년 5편, 1909년 1편, 1910년 2편, 1911년 3편, 1915년 1편, 1919년 2편, 1920년 2편, 1925년 2편, 1927년 1편, 1928년 2편, 마지막으로 1930년 1편이다.

본서에 수록된 편지에서 게일은 다양한 주제에 관해 언급하고 있는데, 한국의 선교와 정치 상황을 보고하는 편지들과 개인적 서한들이 주를 이룬다. 특히 미국 북장로교 선교부에 속하게 된 1900년 이후부터는 선교부와 국무부에 보내는 편지들이 많이 늘어나고 있음을 알 수 있다. 게일은 미국 북장로교 해외선교부 총무였던 브라운(Arthur J. Brown, 1856~1963)과 자주 서신을 나누었는데, 그 가운데 1908년 5월 16일 편지에는 아내 해리엇과 고창익 장로의 죽음으로 인한 깊은 슬픔이 묻어 있고, 1917년 편지에는 1916년에 태어나 2년 만에 갑작스레 하늘나라로 떠나버린 둘째 딸 비비안에 대해 아버지로서 느낀 애도의 마음이 담겨 있다. 1927년 한국을 떠난 이후, 브라운과 나눈 편지들에서는 연금 및 경비와 관계된 내용과 캐나다와 영국에서의 일상생활을 주로 언급하고 있다.

4. 편지의 가치

본서에 수록된 편지들을 통해 우리는 19세기 말 20세기 초, 한국의 선교 환경과 정치 상황에 대해 미국 북장로교 선교부와 국무부가 어떤 태도로 대응했는지 살펴볼 수 있다. 특히, 연대기 별로 정리된 본서를 통해 20세기 초반에 한국에 선교사를 파송하고, 교육시설과 의료시설을 건립하는 과정에서 선교사들이 어떤 어려움을 겪으며 고민했는지 확인할 수 있다. 온갖 어려움과 위기를 넘어서며 40년 이상을 한국에서 사역하며 동료들과 나눈 본서의 편지들 속에서 우리는 하나님과 한국인을 사랑했던 선교사이자 한 인간이었던 게일을 만나게 된다.

번역문

1892년 3월 31일 [미국 공사관]

친애하는 알렌 박사님께,

미국 법에 따르면, 국제결혼의 경우 영사 앞에서 엄숙히 선서한 경우에만 유효함을 허드(Heard) 씨께 들었습니다.

저는 다음 4월 4일 목요일에 헤론 여사와 결혼할 예정입니다. 미국 정부 관리로서 그날 오후 1시 30분에 기포드 씨 댁에 참석해 주시겠습니까?

우리는 친구 몇 명만 참석한 가운데 간소하게 결혼식을 치르려 하는데, 이것이 바로 당신께 연락드린 이유입니다.

당신께서 참석 요청에 응해 주시기를 희망합니다.

진심으로 감사드립니다.
Jas. S. 게일

1892년 4월 3일 [곤당골¹]

미국 공사관 귀하

친애하는 박사님께,

제가 말씀드린 목요일 1시 30분 일정이 12시 30분으로 변경되었다는 통보를 이미 받으셨을 겁니다. 이로 인해 당신에게 불편함이 없기를 바랍니다.

혼인신고 비용을 알려주시면 미리 보내드리겠습니다.

진심으로 감사드립니다.

Jas. S. 게일

---

1 곤당골, 고운담골, 미장골, 미동, 여장동으로 불리기도 함.(역자 주)

1899년 10월 23일 [서울, 한국]

주한 미국 장관
친애하는 알렌 박사님께,

오늘 서울지부는 화이팅 양과 윔볼드 양의 부동산을 국왕에게 매매하는 문제를 조사하기 위해 지난 18일 지정된 위원회의 보고서를 채택했습니다. 위원회 보고서의 내용은 다음과 같습니다.

"최근 서울지부는 미국 장관으로부터 화이팅 양과 윔볼드 양이 현재 보유하고 있는 부동산을 매매해 달라는 대한 제국, 즉 한국 정부의 요청을 받았습니다. 한국 정부와 선교부 회원들 사이에 유지되고 있는 상호 협력 관계를 확인했음에도, 서울지부는 이에 대해 긍정적인 답변을 할 수 없어 매우 유감스럽게 생각합니다. 이 부동산 매매는 필연적으로 언더우드 박사와 밀러 박사가 소유한 건물들의 추가 매매를 수반할 것입니다. 그리고 이 같은 매매는 해결의 기미가 보이지 않는 도시 서부에서 진행하는 우리의 모든 사역에 문제를 일으킬 것이고, 구체적으로 언급하기 어려운 일들로 인해 우리는 호의적인 답변을 하지 못하게 되었습니다."

이것이 서울지부의 답변이기는 하지만, 제가 결코 전체 선교부를 대표하지 않는다는 것을 말씀드립니다. 한국 정부에 이러한 결정을 전할 가장 좋은 시기는 물론 우리의 연례 회의일 것입니다. 하지만 회의까지 1년이 남았습니다.

진심으로 감사드립니다.

Jas. S. 게일

서울지부 총무

1900년 8월 18일 [서울]

미국 장관
친애하는 알렌 박사님께,

무어 씨의 편지 사본이 동봉된 17일 자 편지를 방금 받았습니다. 두 통 모두 다음 달에 있을 선교부 회의에 제출하겠습니다. 저는 선교부가 미래에 닥칠지 모르는 어떤 수치스러운 일을 영원히 막기 위한 조치를 취할 수 있다고 믿습니다.

진심으로 감사드립니다.
Jas.S. 게일

1900년 9월 7일

친애하는 알렌 박사님께,

5일 자 편지는 잘 받았습니다. 보내주신 편지는 다른 편지들과 함께 됐고, 선교부 회의 전에 모두 가지고 가겠습니다. 무어 씨가 당신에게 보낸 편지에서 문제의 본질을 상당히 잘못 전달했기 때문에 제가 무어 씨에게 한 말을 다시 한번 말씀드리더라도 용서해 주십시오. 저는 그에게 보낸 편지에 "그의 정부에 대한 모욕이자 우리 선교부에 대한 수치입니다. 그리고 선교부는 그의 소환을 요청할 것이고, 나는 그것에 찬성할 것입니다."라고 말했습니다. 그는 본인의 해석을 포함시킨 것입니다. 당신이 언급한 시간 내에 문제를 해결하고, 우리 선교부의 임무를 다할 수 있으리라 믿습니다.

진심으로 감사드립니다.
Jas. S. 게일

1900년 9월 24일 [평양]

미국 장관
서울, 한국
친애하는 알렌 박사님께,

　이 편지에는 무어 씨의 문제와 관련하여 선교부가 만장일치로 채택한 위원회 보고서가 동봉되어 있습니다. 선교부가 가진 일념은 바로 이 땅의 법과 관습에 대해 우리는 매우 신중하고 사려 깊어야 한다는 것, 그리고 우리 회원 중 누구라도 장관을 당황케 하지 않고 들어가는 분명한 길을 찾지 못한다면 본부 송환에 회부 될 수 있다는 것입니다.

　무어 씨는 장래에 대한 조건 없는 서약을 했고, 이곳 선교부는 그가 그 약속을 성실히 지킬 것을 믿습니다.

　저를 믿어주십시오.

진심으로 감사드립니다.
Jas. S. 게일
장로교 선교부 총무

1901년 1월 10일

친애하는 알렌 박사님께,

어제 도티 양이 제가 설명할 수 있다고 언급한 메모를 보냈나 봅니다. 신충호(Shin Chung Ho)라는 사람이 그녀에게 가했던 박해의 본질이 무엇이었는지에 대해 말입니다. 도티 양으로부터 그쪽으로 건너와 달라는 연락을 받았을 때, 마침 저는 그 동네에서 학교 수업을 하고 있었습니다. 제가 나가서 보니, 도티 양이 언덕 위에서 그 남자를 마주하고 있었고, 그는 일꾼들을 겁주며 쫓아 보내고 있었습니다. 그리고 그 남자는 그 자리에서 매우 큰 목소리로 욕설을 퍼부으며 모든 이웃을 불러 모으고 있었습니다. 그는 지게꾼에 비해 나을 것이 없고, 제가 본 가장 무례한 한국인이었습니다. 도티 양은 더 이상 그의 그러한 행위를 용인할 수 없게 된 것 같고, 저는 그녀가 겪었던 것에 관해 좀 더 자세히 설명하기 위해 이 편지를 보내게 되었습니다.

진심을 담아,
Jas. S. 게일

1901년 2월 21일

친애하는 게일 목사님께

12월 1일과 28일에 보내주신 두 통의 편지에 감사드립니다. 그 중 하나에서 언급된 소요사태가 이제 모두 해결되었다니 매우 기쁩니다. 그리고 다른 편지는 본부에 의해 매각이 허가된 정동 부동산에 관한 것이었는데, 그 내용은 선교회에 전보로 알려진 내용입니다. 저는 이미 그 사안에 관해 편지를 보냈습니다.

앞으로 2, 3년 안에 한국과 중국에 건축물이 많이 들어설 것을 예싱에 우리는 건축가 파견을 고려하고 있습니다. 중국이 완전히 개방되지 않았기에 아마도 건축가는 한국에서 먼저 일을 시작해야 할 것 같습니다. 가능하면 이 일을 진지하게 맡아줄 사람을 보내는 것이 바람직하겠지요. 그렇지 않으면 각각의 선교사들은 본인의 선교 활동은 뒤로한 채 건축일에 시간을 내려고 할 것이고, 그렇게 되면 네, 다섯여 명의 선교사들이 시간을 허비하게 될 것입니다. 게다가 단지 1년 혹은 그 이상을 선교 현장 밖에서 보내는 사람들에 대한 불만이 종종 제기되기도 했습니다. 그러한 상황은 선교사들의 언어 공부뿐만 아니라, 선교 활동에도 방해가 되었습니다. 저는 우리가 상당히 명확한 분업을 해야 한다고 생각합니다. 이길함(Lee) 씨는 북쪽에서 건축을 해왔고, 그가 하나님의 은혜로 모든 선교 사역에 열정적 관심이 있다는 것을 알 수 있었습니다. 전체 건물 문제 및 병원 신축에 대한 당신의 견해를 듣고 싶습니다.

　게일 부인과 아이들로부터 좋은 소식을 듣고 계시길 바랍니다. 저는 한동안 그들로부터 소식을 듣지 못했습니다.

　진심을 담아,
　F.F. 엘린우드(Ellinwood)

　—추신
위화(Eui Wha)는 어떻게 되었고, 그의 정치적 입장과 전망은 어떻습니까? 우리는 그가 일본에서 돌아온 지 얼마 되지 않았고, 얼마전까지 샌프란시스코에 있었다고 들었습니다.

1901년 6월 22일 [서울, 한국]

브라운[2] 박사님께,

건축가 고든 씨가 이곳에 도착했습니다. 그에게 일거리를 배당하고 이곳에 있는 동안 그를 최대한 활용하기 위해 우리는 지부 회의를 소집했습니다. 회의에서 의결한 여러 결의안 중 하나는 −

"연못골에 밀러 씨를 위한 집을 지체없이 지어야 한다. 고든 씨를 즉시 이 일에 활용하는 것이 적절해 보인다. 그리고 최근 정부에 의해 몰수된 1만 달러 중 현재 약 3700에의 사용이 가능하다. 브라운 박사가 이 집을 지을 부지를 승인하지 않았음으로, 다음과 같이 결정한다: 이 부지가 아직 본부의 재산으로 귀속되지는 않았지만, 이 집에 대한 건설 진행은 서울지부가 맡는 것이 정당하다고 여겨진다."

지부는 당신의 명의를 사용하는 데 있어서 어느 정도의 [자유]를 가지고 있음에도, 당신이 전체 상황을 인식하고, 본부에 전하는 말 한마디가 다른 어떤 서신보다 부지와 관련한 상황에 대한 명확한 인식을 주는 데 도움이 되리라 생각했습니다. 정동 부동산의 매각은 당분간 무산되었고, 병원부지에 대한 토지 증여도 마찬가지여서 고든

---

2 Arthur Judson Brown(1856~1945)은 F. F. Ellinwood의 후임으로 1903년부터 1929년까지 미국 북장로교 해외 선교부 총무였다. (역자: 유영식(2013), 『착한 목자』 2권, 106쪽에서 인용)

씨가 현재 진행할 수 있는 건설일은 윔볼드 양의 집과 밀러 씨의 집 뿐입니다. 그 건설공사가 진행될 때쯤이면 병원부지가 확보되고, 그에 대한 건설작업도 시작될 수 있을 것으로 전망합니다. 제집은 거의 완성되었습니다. 고든 씨는 제 집을 주의 깊게 살펴본 후, 집을 위해 치른 금액만큼 좋다고 말했습니다. 저는 그의 도움이 건축 일에 있어 큰 가치가 있을 것이라고 확신합니다.

1901년 5월 7일 본부로부터 온 편지에는 다음과 같은 기록이 있습니다.

"게일과 밀러, 그리고 마펫 씨가 엘린우드 박사에게 보낸 서한들이 위원회에 제출되었다. 그 편지에는 새로운 부지보다 연못골 부지에 밀러 씨 집을 건축하는 내용이 언급되어 있다. 이 문제를 서울 재산 위원회에 회부할 것을 강력히 권고하며, 고든 씨의 사정은 이해하지만 집은 본부 소유의 부동산에 위치해야 한다."

그래서 지부의 바람은 본부의 자산에 속한 내 집과 도티 양의 학교 사이의 땅을 제외하고는 약 600엔 정도를 들여 밀러 씨를 위해 지을 적절한 가옥 부지가 없다는 점을 본부에 분명히 알리는 것입니다. 건물이 들어설 부지를 고든 씨가 확인하고 부지를 승인 확정하는 것이 가장 바람직해 보입니다. 그는 본부에 편지로 본인의 의향을 전할 것입니다.

진심을 담아서,
Jas. S. 게일
서울지부

1901년 8월 16일 [코네티컷주 콘월]

서울, 한국
게일 목사님께,

밀러 씨의 집과 그에 대해 본부가 취한 조치에 관해 설명해 주신 6월 22일 편지에 대해 감사드립니다. 제가 없는 동안 동료들이 목사님의 편지에 회신한 것은 당연하지만, 저는 개인적으로 그 땅에 대한 목사님의 명확한 설명에 감사드리고 싶습니다. 특히, 서울처럼 많은 변화가 일어나는 도시에서, 50개 혹은 100여 개 선교 지부의 많은 재산을 살피는 일은 세세 있어 항상 쉬운 것만은 아닙니다. 게다가 그 명칭들이 저희에게 너무 생소하여 상황은 더 악화하기도 합니다. 목사님의 편지로 미루어 보아, 목사님 집이 위치한 땅은 본부 소유지이지만, 인접한 800달러 부지는 밀러 씨 개인 소유인 것으로 알고 있습니다.

저는 본부가 지부의 조치를 지지했다고 생각합니다. 저는 부동산에 관한 논의로 인해 서울의 고등교육에 대한 문제가 뒷전으로 밀려났다는 것을 알게 되었습니다. 브라운 박사가 제게 보낸 편지의 발췌 부분에서 그는 그 주제에 대해 언급하지 않았습니다. 속기사의 도움 없이, 떨리는 오른손으로는 짧은 편지밖에 쓸 수가 없군요. 항상 그래왔던 것처럼 목사님의 편지를 소중히 여기고 있습니다. 그리고 목사님이 제게 업무와 전반적인 일의 전망뿐 아니라, 게일 부인과 아이들이 어떻게 지내는지도 전해주시길 바랍니다.

　진심을 담아,
　F. F. 엘린우드

1901년 11월 6일 [서울, 한국]

친애하는 엘린우드 박사님께

 이제야 연례 회의 직전에 있었던 시험에 대해 말씀드릴 수 있게 되었습니다. 헌트 씨와 로스 씨는 3학년 학기말시험을 통과했습니다. 매우 유능한 헌트 씨는 평균 67.25%으로, 66.6%를 받은 로스 씨보다 더 높은 점수를 받았습니다. 그리고 2학년인 사이드보텀 씨, 샤록 박사, 웰본 씨 모두 합격했습니다. 사이드보텀 씨는 구술시험에서 99%, 필기시험에서는 85%를 받았습니다. 샤록스 씨의 구술시험 점수는 70%이며, 필기시험 점수는 03%입니다. 웰본 씨는 구술시험에서 65%를 받았고, 필기시험에서 67.5%를 받았습니다. 모든 시험에서 60% 이상의 점수를 얻어야 통과였는데, 학생들 가운데 일부는 간신히 점수를 넘기도 했습니다.
 1학년 학생들의 점수는 이렇습니다.

 하웰 양은 구술 65%, 필기 68.5%
 스누크 양은 구술 73.3%, 필기 72%
 렉 씨는 구술 83%, 필기 89%
 번하이셀 씨는 구술 86%, 필기 94%
 샤프 씨는 구술 76.6%, 필기 91%
 웰본 씨는 구술 53.3% 필기 67%

웰본 씨는 구술시험을 통과하지 못했습니다. 우리는 그가 안정되면 올해의 미진한 점을 만회하고 내년에는 잘할 것으로 생각합니다. 우리는 또한 샤록스 부인, 렉 부인, 그리고 로스 부인으로부터 보고서를 받았습니다. 그녀들의 보고서를 아직 충분히 검토하지는 않았고, 구술시험에서 샤록스 부인은 80% 로스 부인은 85%, 그리고 렉 부인은 66.6%를 받았습니다. 렉 부인은 이곳에 온 지 단지 1년밖에 되지 않았고, 한동안 아팠음에도 정말 잘 해냈습니다.

며칠 전 지부 회의때 의사들로부터 우리는 모리스 부부가 집으로 돌아올 것이라는 급한 연락을 받았습니다. 저는 몰랐지만, 모리스 부인은 한동안 건강이 안 좋았던 것 같습니다. 특별히 아주 유능한 영국인 의사인 발독 박사와 에이비슨 박사, 그리고 필드 박사가 항상 신경 써서 진찰했는데, 첫 번째 단계의 [판독 불가], 그래서 그들은 귀향길에 올랐습니다. 이 소식으로 인해 서울지부는 매우 절망스러운 분위기에 휩싸였습니다. 그렇습니다. 우리는 도성 안팎에 수천의, 거의 50만 명의 사람들에게 전도를 하고 있습니다. 그러나 모두에게 미치지는 못하고 있습니다. 저는 이곳이 진정 복음 전파를 위해 노력할 가치가 있는 도시임을 확신합니다. 그리고 이 큰 도시에 사는 사람들에게 직접 복음을 전하는 것을 가장 중요한 사역으로 여기는 선교사가 적어도 한 명 더 있어야 한다는 사실에도 점점 확신을 갖게 되었습니다. 선교 역사에 관해 제가 아는 한, 서울에서 선교 사역을 할 때, 항상 선교사들의 역량 가운데 적은 노력만을 기울여 왔습니다. 우리는 성경 및 선교 신문을 번역하는 일, 학교를 위한 천여 개의 [판독 불가] 일을 하고 있습니다. 일상적인 선교 활동과 도시 복음화는 사람들을 더 충원하여 담당해야 할 것으로 예상합니다. 쉽지는 않겠지만, 다른 사역이 아니라, 이 북방을 향한 복음 사역을 위해 앞으로 나아가야 합니다. 저는 불만이 없이, 제게 주어진 사역을 귀하게 여기며 하고 있지만, 복음화된 이 큰 도시는 매일매일 일할 것들로 넘쳐나고 있습니다. 감리교도들 역시 이 나라에서 많은 일을 하고 있습니다. 시골 사람들은 소수의 영향력 있는 사람들에 비해 더 나은 기독교 신자가 되지만, 그래도 이 큰 도시는 전국을 주도하고 있고, 이대로 간다면 더 많은 주도권을 쥐게 될 것입니다.

우리는 약 5년 동안 중등학교 개교를 위해 건물을 건설해 왔고, 이번 달 중순쯤에는 개교할 수 있기를 희망하고 있습니다. 우리가 얼마나 많은 학생들을 받았으며, 어떤 과목들을 가르치고 있는지에 관해서는 일을 진행해 나가면서 당신에게 편지하겠습니다.

여기 제집이 있는 본부의 토지와 밀러 씨를 위해 배당된 부지에 대한 작은 도안을 동봉합니다. 그 부지는 여학교 건물 및 현재 밀러 씨가 있는 이전 (기포드 씨) 본부의 부동산과도 관계가 있습니다. 이 지도는 측량도와 같은 역할은 결코 할 수 없겠지만, 내략적인 모양은 알아보실 수 있으실 겁니다.

좀 더 구체적으로 설명하자면, 밀러 씨는 현재 기포드 씨의 집에 살고 있습니다. 선교사들의 바람은 그것이 애클스 양과 같은 여성 복음 사역자에게 돌아가게 되는 것입니다. 여학교 여선생님들의 숙소로 배당된 부지에는 현재 도티 양의 집이 들어서 있는데, 그 땅 전체는 학교에 필요할 때 사용될 예정입니다.

우리는 몇 년 안에 그 땅을 사용할 수 있기를 소망합니다. 밀러 씨가 소유한 부지와 함께 언덕의 능선에 잿빛으로 물들어 있는 벌판은 건축을 위해 충분합니다. 잿빛으로 물든 그 땅들은 돈을 더 받아내기를 원하는 몇몇 사람들이 소유하고 있지만, 저는 그들이 합리적인 가격에 결국은 그 땅을 팔 것으로 예상합니다.

저는 브라운 박사와 함께 이 모든 부지를 꼼꼼히 살펴봤고, 제가 장담하건대, 몇 군데의 부동산은 사역을 위해 꼭 필요하다는 것입니다.

토지매입은 언제든 좋은 일이지만, 특히 지금 정부는 서양인들에게 더는 땅을 팔지 말라는 명령을 내렸습니다. 물론 밀러 씨는 작년에 땅을 사서 그의 이름으로 소유하고 있습니다.

애클스 양이 곧 온다는 소식을 들으니 기쁩니다. 이곳의 여성들이 전도사역을 위해 그녀를 기다리고 있고, 그녀가 도착한 날부터 많은 일이 주어질 것입니다. 그녀가 조선어에 대해 알고 있다는 사실이 이러한 전망을 하게 만듭니다.

서둘러 쓰느라 어수선해져 버린 이번 편지에 대해 용서를 구합니다. 하지만 이 편지로 인해 이곳의 상황을 좀 더 잘 이해하게 되실 겁니다.

편지를 마치기 전에 저는 쌀 기근으로 인해 이 지역에 이미 불안의 징후가 보인다고 말씀드려야 할 것 같습니다. 제가 한국에 온 이후로 요즘처럼 많은 강도 사건이 일어난 적이 없습니다. 국고는 텅텅 비었지만, 정부는 그 모든 것에도 아랑곳하지 않고 유쾌하게 지내는 것 같습니다. 오늘 아침 신문에서 재무부에 1,300달러 밖에 없고, 더 이상의 수익도 기대하지 못하고 있다는 기사를 보았습니다.

정부는 많은 양의 쌀을 선적했고, 그것은 현재 시장에서 판매되고 있습니다. 사람들은 그것을 매우 싫어하는데도 다른 먹을 것을 구할 수 없기에 오직 그것을 먹고 있습니다.

우리의 따뜻한 안부를 보냅니다.

Jas. S. 게일

1901년 11월 8일 [서울, 한국]

친애하는 게일 목사님께,

마펫 부부와 위원회에 관한 목사님의 9월 27일 자 편지를 받고 기뻤습니다.

목사님께 파송된 새로운 선교사들에 대해 매우 만족하셨다는 말씀을 듣고 저희는 매우 기뻤습니다. 저는 해가 거듭될수록 그들이 속한 지역사회에 명성을 남김으로써 파송된 새로운 선교사들이 적극적이고 열성적이라는 것을 증명하기를 바랍니다. 저희는 모든 방면, 즉 문학, 교육, 선교, 의료 등 모든 선교 영역에서 증인이 되어야 합니다. 그리고 막 도착한 젊은 선교사들이 성령 충만하여 영혼 구원 사역에 대해 큰 열망을 품게 된다면, 한국에서 주님 교회의 조속한 확장을 그 어떤 것도 막을 수 없을 것입니다. 어려움을 극복하면서 전 세계에서 그리스도교 교회의 영향력은 크게 확장되었습니다. 한국 선교는 저에게 기쁨이지만, 결코 만족할 수 없고 항상 더 큰 성과를 바라며 기도하고 있습니다.

저희는 목사님의 "해피 예(Happy Ye)"에 관한 짧은 이야기를 매우 흥미롭게 읽었습니다. 저는 모든 열방과 족속에서 복음이 일으킨 변화와 힘의 증거로서, 다양한 선교 현장에서 일어나는, 그와 같은 짧은 예화와 이야기들 모아볼까 합니다. 목사님께서 주목하고 계신 다른 예화들을 제게 주시면 매우 고맙겠습니다. 원산에서 보내신 다른 편지들 특히, 김 씨의 이야기도 같은 맥락이라고 생각합니다.

우리는 게일 부인으로부터 한동안 소식을 듣지 못했습니다. 저는 그녀가 아직 딸들과 함께 스위스에 있다는 것을 당연하게 여기고 있습니다. 우리는 그들이 건강히 잘 지내고 있다는 소식을 듣게 된다면 정말 행복할 것입니다.

진심을 담아서,
F. 엘린우드

1901년 11월 24일 [서울, 한국]

친애하는 게일 목사님께,

목사님께서 10월 11일 편지로 전해 준 소식은 시카고에 있는 피터스 씨의 동료들 사이에 큰 반향을 불러일으켰습니다. 그 내용은 저에게 당혹스러운 문제로 여겨졌고, 저는 본부가 그의 임명을 거부함으로써 과거에 그랬던 것처럼 그 일을 중단시키는 것같이 보여서 약간 놀랐습니다. 어쩌면 숙고를 위해 그 문제를 선교부에 맡기는 것이 현명할지도 모르겠습니다. 선교부의 조치에도 불구하고 이 상황에서 그를 임명하는 것은 불가능해 보였고, 너무나 그 소지는 선교부 위원회에 의해 철저히 판단된 후 제안된 것이기 때문입니다. 피터스 씨와 그의 동료들, 그리고 맥코믹 신학교 교수들에게 실망을 안겨준 것에 대해 유감스럽게 생각하지만, 저희는 선교부뿐 아니라 성서 협회의 조치를 두고, 그 모임에서 피터스 씨의 문제에 대해 논의하였습니다.

언더우드 박사와의 대화에 근거해 판단하건대, 그가 현장에 있었다면 선교부의 의견에 동의했을 것입니다.

오늘 한국에서 받은 편지들은 국왕의 건물들 가운데 일부가 불에 탔고, 국왕은 우리 소유의 건물이 필요해졌기 때문에, 정동에 있는 건물에 대한 국왕과의 거래가 재개될 가능성이 있음을 시사하고 있었습니다. 우리 소유의 집들뿐만 아니라, 새 병원을 포함해 오랫동안 미뤄왔던 국왕의 계획이 진행되기를 바랍니다. 우리는 세브란스 씨가 그토록 염려하고 있는 사안들의 더딘 진전으로 인해 인내심이 없어지지 않을까 걱정하고 있습니다.

보내주신 11월 6일 편지를 통해 다양한 정보를 주심에 감사드립니다. 저는 정부 국고가 비어있는 것에 대해 유감스럽게 생각하며, 우리 모두는 마펫 부인이 귀환해야 한다는 사실에 깊은 유감을 표합니다.

저희는 고등학교 설립이 진척되고 있음을 기쁘게 생각하며, 일이 진행됨에 따라 큰 비중을 차지하게 되길 바랍니다.

아시다시피, 애클레스(Ackles) 양은 어머니의 중병으로 인해 떠나지 못하고 있습니다.

언더우드 가족은 꽤 잘 지내고 있으며, 박사는 곧 많은 강연을 할 예정입니다.

어빈(Irvin) 박사가 홍콩에서 보낸 편지는 그의 방문을 매일 고대하게 했고, 적어도 그가 이 나라에 도착했다는 소식을 듣게 될 겁니다.

게일 부인과 아이들이 잘 지내고, 아이들은 학업에 있어서 칭찬할 만한 진전을 이루고 있기를 저는 바라고 있습니다. 저는 가족 없이 홀로 목사님께서 느낄 외로움에 대해 진심으로 공감하고 있습니다.

진심을 담아,
F. F. 엘린우드.

1902년 1월 24일 [서울, 한국]

친애하는 엘린우드 박사님께,

우리는 마지막 이사회 편지를 받고 그것에 주목했습니다. 제기하신 질문은 당신이 이곳의 상황과 얼마나 긴밀히 관계를 맺고 있는지 보여줍니다. 당신께서 제기하신 몇몇 질문들에 대해 더 확실히 준비된 대답이 없다는 점에 유감을 표합니다. 병원의 쉴드 양 자리를 메울 수 있는 사람이 아직은 없는 것 같습니다. 지난해 쉴드 양은 몇 달 동안이나 쉴 새 없이 일했고, '수술로 인해' 그녀의 손에 문제가 생겼다고 여겨집니다. 그녀는 고통을 견디면서, 아픔이 잦아들면 바로 다시 용감하게 일터로 돌아오곤 했습니다. 하지만 저는 그녀가 병원의 힘든 고정적 일을 수행할 수 있을지 의문이며, 그로 인해 그녀가 선교 일에 몰두하지 못하게 되는 것이 아닌지도 때때로 의문입니다. 쉴드 양처럼 소리 없이 [판독 불가] 기독교인의 모습을 잘 보여주는 사람은 선교 현장에 없습니다. 그래서 비록 그녀가 병원에서 주기적으로 일할 수는 없지만, 선교 사역을 하는 것도 매우 유익하기 때문에 실질적 손해는 아닐 것입니다. 액클스 양의 결혼에 대한 낙담은 아마도 이기적일 수도 있습니다. 우리는 그녀가 큰 도움을 주리라 기대하고 있었지만, 주님은 그것을 다른 상황으로 옮기셨습니다.

전체 병원 건물은 여전히 미정인 상태로 남아있습니다. 정부는 현재 대지에 명확한 인가를 해주 않을 것이고, 그로 인해 현 부지에 있는 세브란스 병원 건물에는 영원히 물음표를 붙이게 될 것입니다. 어떤 다른 대지도 아직 주어지거나 매입되지 않았습니다. 우리는 실로 매우 고통스러운 상황에 직면해 있습니다. 정부는 외국인의 토지 매입을 더이상 허락하지 않기로 결정했고, 외국인이 매입한 모든 땅은 사적 매입 문서에 해당하여 쉽게 중복매입 될 수 있어서 아무 가치도 없는 땅이 되어버렸습니다. 수도 서울에서 법률적 토지 소유 문제는 [판독 불가] 되어 가고 있습니다. 앞으로 우리는 병원에 관해 주목할 만한 일이 있을 때마다 보고하도록 하겠습니다.

정동 부동산 매각일은 애비슨 박사와 빈톤 박사의 손에 맡겨졌으며, 현재 상태로 남아있습니다. 최근 특별한 소식은 없고, 앞으로 몇 달 동안 매각될 전망도 없습니다. 국왕은 대지 협상을 하려고 합니다. 만약 그 일이 성사된다면, 그가 대금을 치를지 모르지만, 만약 그렇게 되지 않는다면, 우리는 무기한 [곤란한] 상황에 처하게 될 것으로 여겨집니다. 국왕은 현재 서울의 한 곳과 다른 세 곳에 각각 궁궐 한 개씩을 짓는 데 관심이 있습니다. (그래서 신문 보도에 따르면 그것이 사실이 아니라면, 편집자가 심각한 문제에 휘말리게 될 것이라고 합니다) 그리고 왕은 에드워드 왕의 대관식에 대표단을 파견하는 일에 관심이 있습니다. "살진 왕손"이라 불리며 언더우드 박사도 잘 아는 국왕의 사촌("H")이 대관식에 왕의 사절단으로 파견될 예정입니다.

홍문소골교회 관련 문제는 애비슨 박사와 밀러 씨에 의해 점차 정리되고 있습니다. 그들은 진상을 규명하기 위해 수고를 아끼지 않았고, 저는 우리가 상황을 충분히 인식하고 있으며, 이곳 교회를 소유한 사람들이 납득 할만한 적절한 방식이 있다고 생각합니다. 우리는 재산의 소유권을 우리에게 넘길 것을 요구하는 것이 아닙니다. 다만 모든 불신을 일소하는 확실한 공적 소유권을 요구하는 것입니다. 우리는 또한 그들이 교회의 영적 문제와 관련된 모든 문제에 대한 거부권을 아직 [정해지지] 않은 심의 중에 넘길 것을 요청할 것입니다. 제 생각에는 애비슨 박사가 이 상황을 정리하는 데 관여하여 큰 역할을 하였고, 엘본 혹은 밀러 씨가 현재 선교사로서 이 일을 맡아서 하고 있습니다.

우리 중등학교는 소규모로 운영되고 있습니다. 다섯 명의 학생이 있는데, 오늘 또 다른 학생이 오기로 되어있으며, 열 명까지 충원되기를 바라고 있습니다. 그 정도 인원은 우리의 현재 여력으로 관리하기 충분한 정도입니다. 도티 양과 필드 박사가 하루에 한 시간씩 가르치고 있고, 아이들은 공부에 흥미를 느끼고 있습니다. 저는 개당 75센트 정도 하는 [허리띠 만드는 틀] 4개를 가지고 있고, 우리 신자 중 한 명은 생계를 유지하기 위해 학생들이 허리띠 만드는 법을 가르쳐 줄 준비가 되어 있습니다. 지금까지 우리는 그들에게 [가르칠 만한] 기회가 없었습니다. 참고로 허리띠 만드는 일은 이 사람들이 수익을 얻어 사회적으로 비하되지 않도록 도와주는 유일한 일일 것입니다. 저는 그들에게 우리의 몇몇 위인과 선교사들 역시 갖바치[3]였다고 말합니다. 하지만 저의 이러한 말은 지구 반대편에나 있는 '얘기'이며, 갖바치, 바구니 만드는 사람, 백정, 그리고 [소리꾼]을 비천한 일로 여기는 한국인들의 귀에는 터무니없는 말로 들릴 것입니다. E.H. 밀러 씨는 장래가 유망한 사람이고, 우리는 학교 일에서 그가 잘해주기를 바라고 있습니다.

부산과 관련해 저는 본부의 서한 [판독 불가]이 옳다고 생각하며, 그걸 포기하는 것은 실수라고 생각합니다. 그 일과 [새로운] 상황들은 생각

---

3 신을 삼는 노동자들.(역자 주)

하면 생각할수록 큰 실수라는 생각이 듭니다. 우리 선교부는 호주 선교부보다 거기에 훨씬 많은 관심이 있고, 그곳을 포기하는 것은 잘못된 정책인 것 같습니다. 양쪽 모두 할 일이 많습니다. 만약 호주인은 남기를 원하지만, 우리가 철수한다면, 어떤 유익이 있겠습니까?

이번 주 서울의 신물들은 최근에 실시된 인구 조사와 그에 따른 인구 분포를 다음과 같이 발표했습니다.

경상남도 495,149명 [판독 불가]
경상북도 592,278명
경상도 총계 1087,427명

전라남도 450,057명
전라북도 416,463명
전라도 총계 866,530명 (남장로교회가 차지)

충청남도 440,652명
충청북도 272,223명
충청도 총계 721,875명

평안남도 399,075명
평안북도 404,173명
평안도 총계 803,248명
황해도 총계 365,761명
강원도 총계 278,288명
[함경]도 총계 727,216명

서울(도성 내) 193,606명

　이 수치들이 관심을 가져볼 만한 것인지 모르겠으나, 그 수치들은 현재 인구 통계로 발표된 것으로, 저는 그것들이 의미 있다고 여겨집니다. 한 가지 분명한 것은 경상도가 큰 규모의 지방이며 가장 큰 선교부로서 우리는 필요한 일들을 공정하게 해나가야 한다는 것입니다. 저는 우리가 그 지방 전체를 확보하는 것이 옳다고 생각합니다.
　이 편지는 다른 편지들 중간에 급히 쓴 것이지만, 그대로 보냅니다.

　진심을 담아서,
　Jas. S. 게일

―추신
저는 [잉글랜드]로부터 많은 편지를 받았습니다만, 더 많은 소식을 접하고 싶습니다. 여자아이들이 꽤 컸네요. 제 마음에 간직하고 있지만, 아이들의 생김새와 나이가 잘 기억나지 않네요.

1902년 4월 9일 [서울, 한국]

애비슨 박사, 빈토 박사, 그리고 게일 씨께,
새 병원 건물에 위치한 지역 위원회,
친애하는 형제들에게,

어제 편지를 쓴 이후로, 나는 최근에 애비슨 박사가 핸드 씨에게 보낸 글을 보았습니다. 그리고 세브란스 씨가 사무실에 있을 때, 나는 그와 그 내용에 대해 오랫동안 이야기를 나누었습니다.

세브란스 씨는 병원부지로 더 넓고, 공기가 훨씬 좋은 성곽 밖 몇 몇 곳을 매우 선호하고 있으며, 현재의 병원부지와 비교해 볼 때, 현 병원의 위생 조건보다 더 좋은 곳을 희망하고 있습니다. 그는 지금 이 계획을 기획하는 데 좋은 장소를 찾는 것이 매우 중요하다고 생각하고 있습니다. 그는 나의 다른 편지에서 약술한 계획이 조속히 실행되기를 간절히 바라고 있습니다.

충분한 공간을 찾지 못한다고 하더라도 언더우드 박사는 그것이 실행 가능하다고 생각합니다. 병원부지에 인접한 다른 구매 가능한 부지를 물색하기에 시간은 충분할 것입니다. 나는 병원부지 매입과 관련해 부패한 관리들이 보인 작태와 [평계]의 역사, 그리고 소유권 문제와 얽혀 있는 불확실성을 떠올립니다. 정부와 부패한 정부 관리들이 어찌할 수 없는 간소한 매입이 더 안전할 것 같습니다. 그러나 위원회는 최선의 판단을 할 수 있을 것입니다.

진심을 담아,

F.F. 엘린우드

1902년 4월 28일 [서울, 한국]

친애하는 게일 목사님께,

나는 당신이 1월 24일에 보내주신 훌륭한 편지를 읽었습니다. 그 편지는 내가 몇 주간 병고(病故)로 결근한 후 사무실에 갔을 때 받아본 것입니다. 당신이 부산 사안과 관련해 본부 견해에 공감한다는 것을 알게 되어 기쁩니다. 당신은 아마도 그러시겠지요. 그곳 현지 기독교인이 언더우드 박사를 통해 본부에 보낸 편지는 아직 더 많은 사람들이 읽을 수 있을 겁니다. 그 편지에는 그들의 믿음의 아이들을 달가워하지 않는 사람들에게 맡기지 말아 달라는 요청이 담겨있었습니다. 지금 나의 큰 관심사는 선교부에서 좋은 사람을 찾는 것입니다. 경험도 많고, [판독 불가]한, 좋은 사람을 찾아, 떠나고 싶어 하는 로스(Ross) 씨의 자리를 대체하는 것입니다. 그리고 나는 전적으로 그렇게 하는 것이 그에게 최선의 길이라고 확신합니다. 그는 자신이 어윈(Irwin) 박사의 더 영향력 있는 인사들에 의해 가려지고 있다고 느끼고 있습니다. 그 인사들은 다른 계획과 기준에 따라 구성된 사람들입니다. 로스 씨는 자신의 의견이 지부 위원회에서 충분한 영향력을 발휘하지 못한다고 여기기 때문에 화가 나 있습니다.

사이드보탐(Sidebotham) 씨와 어윈 박사 모두 매우 잘 지냅니다. 어윈 박사는 한국 선교회의 일부 사람들로부터 심한 비판을 받고 있지만, 지난 10년 동안 [판독 불가]에서 그 누구도 그보다 더 나은 인상을 남기지는 못했습니다. 할시(Halsey) 박사와 언더우드 박사는 그와 함께 [판독 불가] 어떤 조건과 상황 속에서도 광범위한 운동을 벌였고, 클리블랜드가 [판독 불가] 했던 것처럼 매우 많은 청중에게 그의 영향력을 보여주었습니다. 그들은 그가 병원과 [판독 불가] 와 관련된 모든 선교 활동을 무엇보다도 강조하고 있다고 말합니다.

　그는 이 일에 대해 너무나도 전적으로 [판독 불가] 때문에, 때때로 [판독 불가]로부터 사람들에게 충분히 실행할 수 있는 의료 활동에 대해 말해달라는 요청을 받곤 합니다. 그의 활동이 의료 활동으로 인식되고, 동시에 그것과 함께 선교적 동력으로 인식되는 것은 가치가 있습니다. 그래서 [판독 불가] 그 일을 대신할 수 있는 좋은 사람을 찾아야만 합니다.

　나는 우리가 세 명의 새로운 선교사와 세 명의 여성을 보낼 수 있게 되어 기쁩니다. 그들 중 두 명은 결혼했습니다. 당신의 활동에 크게 보탬이 되면 좋겠습니다.

　나는 지난번 보내드린 선교 편지에는 피터스(Pieters) 씨 사건에서 어떤 일이 벌어졌는지 밝혔습니다. [판독 불가] 벤 바이너리(Ben-binary) 사람들은 한국에 임명되기를 강력히 호소했지만, 전반적으로, 그리고 특별히 여러 곳으로부터 제기되는 반대가 너무 심해서 그를 한국으로 돌려보낼 생각을 하는 것은 현명하지 못한 것 같았습니다. 그가 한동안 미국령 국가에 계속해서 남지 않는다면, [판독 불가] 거주 증명서를 받는 일 또한 복잡한데, 필리핀행은 가능할 것 같습니다. 그리고 우리는 이미 번역 일할 사람이 두 명 있지만, 그가 번역 일을 하고 싶어 한다는 사실을 고려해서 세 번째 사람을 고용해야 할지를 판단해야 합니다. 현재로서는 두 사람이면 충분할 것 같고, 반면에 필리핀에서는 타갈로그어와 비사야어로 된 성경을 번역할 수 있는 [판독 불가]한 습관과

적성을 갖춘 사람을 필요로 합니다.

나는 당신이 스위스에서 보낸 편지에서 밝힌 내용과 관련해 기쁘면서도 한편으로는 유감스럽기도 합니다. 당신의 가족이 건강하며, 딸이 잘 커 간다는 사실은 기쁘기도 하지만, 한국집에 당신이 사랑하는 사람들 없이 지내는 일은 분명 힘들 것이고, 그걸 생각하면 안쓰럽습니다.

[판독 불가] 하나님께서는 당신이 [판독 불가] 할 것을 재촉하십니다.

[판독 불가] 최근 본부로부터 온 서한들은 당신에게 서울의 부동산 문제에 관한 [판독 불가]을 보여줄 것입니다.

[판독 불가]

진심을 담아,
F.F. 엘린우드

1902년 10월 7일 [한국, 서울]

친애하는 펜 씨께,

1902년 우리의 선교 회의는 끝났고, 모든 일에서 큰 진전이 있는 계절을 고대하며 선교사들은 다시 한번 그들의 선교지로 향했습니다. 우선, 나는 더 이상 선교부 총무가 아니므로, 앞으로 본부 서한은 사이드보텀 씨(R. H. Sidebotham)에게 보내져야 합니다. 서울지부로 발송되는 부산의 서한들은 에바 박사(Dr. Eva H. Field)에게 보내져야 하기 때문입니다. 회기 내내 밤낮을 가리지 않고 열심히 일해야 했던 총무직을 내려놓은 것이 가장 나행스러운 일이있습니다. 사이드보텀 씨는 솜씨가 훌륭하기에, 올해의 [모든 일은] 잘 진행될 것이라고 확신합니다. 그를 그 직책에 임명했기 때문에, 가능한 조속한 시일 내에 당신께서는 모든 것을 적절한 형태로 얻을 수 있다는 사실에 나는 자부심을 느낍니다.

우리는 어빈 박사의 애석한 사건을 맡았고, [그의 복귀를 압도적으로 반대하는 의견표명을 보며 그를 현장에 오지 못하게 하려는 첫 번째 노력에 대해 나는 공감하지 않지만, 그러한 방법이 최선이라고 결정하는 것 외에는 내가 할 수 있는 일이 없었습니다] 저는 부산 지부의 비참한 과거와 관련하여 어빈 박사만이 비난받아야 할 한 사람이라고 결코 생각지 않습니다. 사실 더 큰 잘못은 다른 사람들에게 있다고 확신하지만, 현재 그러한 상황에서 그의 귀환은 가장 불행한 일이 될 것입니다. 저는 박사에게 그와 같이 편지를 썼습니다. 비록 제가 여기서 그와의 기억을 항상 소중히 여기고, 그의 유쾌한 태도에 대해 친근함과 애정을 품고 있지만 말입니다. 저는 [판독 불가] 중 [판독 불가]이었습니다. 그 일은 제가 감당해야 했던 사안이었고, 그 일은 제가 처리해야 했던 가장 고통스러운 일이었다고 고백해야 할 것입니다. 저는 그 일이 어빈 박사 부부(Dr. & Mrs. Irvin)에게 다행스러운 일이 되리라 믿습니다.

아시다시피 선교부에서는 2년 정도 후에 공주에 지부 개설을 기대하면서 대구와 부산을 하나로 통합할 것을 권고하고 있습니다. 공주의 북쪽과 동쪽에는 그런 [판독 불가]을 만들 넓은 부지가 있습니다. 그리고 지금 지원군이 오고 있기 때문에 이것을 염두에 두고 현명하게 조치해야 할 것입니다.

작년 서울지부에서의 우리 실적은 겉으로는 매우 실망스러워 보이지만, 그 밑바탕에는 분명히 고무적인 일들도 있었습니다. 작년에는 여러 해 동안 우리에게 문제를 일으켰던 독립 교회소속 홍문소골 교회와 단절하면서 교회를 정리했습니다. [판독 불가] 이로 인해 통합에 있어 가장 큰 변화를 겪었습니다. 이러한 전진이 올해가 단지 손실만이 있던 해가 아님을 증명할 것이라고 믿습니다. 이곳 교회는 몇 년 전부터 영적 상황이 좋지 않았습니다. 남자들은 우리가 원하는 만큼 성실하지 않았으며, 집 안 청소가 필요했습니다. 샤프 씨와 웰본 씨가 선교사로 온 지 2년이 되었고, 그분들의 사역으로 인해 매우 만족하고 있습니다. 또한, 현재 클라크 씨가 이곳에 있으며 우리는 희망을 품고 앞으로 나아가면서 이 위대한 도시에서의 [엄청난 임무] 사역에 대해 온전히 몰두하고 있습니다.

나는 이사회가 친절하게도 올해 마펫 씨처럼 4개월간의 여름휴가를 자비로 보낼 수 있도록 허락해 줄 것을 요청합니다. 만약 나의 요청이 허락된다면 시베리아 철도를 타고 스위스로 가서 3년 가까이 떨어져 지냈던 아내와 가족들과 함께 두 달을 보내고 싶습니다. 나는 이러한 요청이 예외적이라는 것을 알고 있지만, 말라리아의 빈번한 공격에 대비한 이러한 작은 변화가 건강 유지에 도움이 될 수 있을 것입니다. 만약 이러한 요청을 수락해 주신다면, 나는 본부에 정말 감사할 것입니다.

따뜻한 안부와 함께
진심을 담아서,
Jas. S. 게일

1903년 1월 30일 [서울]

친애하는 알렌 박사님께,

저는 리뷰(Review) 지에 실린 이번 기사에 대해 매우 유감스럽게 생각합니다. 오늘 아침에 그것을 처음 보자마자, 저는 충격을 받았고, 그럼에도 불구하고 제 책임의 일부분을 인정해야만 했습니다. 헌트씨는 저에게 전보해 서류를 가져오게 했고, 다시 [모든 일을] 도와주게 했습니다. 저는 그 서류들을 한 씨에게 건네주었고 그것들이 사려 깊게 사용되길 기대하며 헐버트 씨에게 보냈습니다. 저는 오늘 아침 지체하지 않고 마펫 씨에게 편지를 썼는데, 그 편지에는 헐버트 씨에게 그것을 보낸 건 저에게 [판독 불가] 책임이 있다는 내용이 담겨있습니다. 저는 그 편지의 사본을 마펫 씨에게 보낼 것입니다.

제가 이 일에 관여한 부분에 대해 저의 짧은 사과를 받아주시길 바랍니다.

진심을 담아서,
Jas. S. 게일

1903년 1월 31일 [서울]

친애하는 알렌 박사님께,

조사에 참석할 선교사 임명과 관련해 상의드리기 위해 어제 오후에 전화했으나, 박사님과 통화를 할 수 없었습니다. 저는 평양의 헌트 씨에게 "조사단은 미국인 한 명이 동행하도록 신환포에 지시함. 장관은 마펫과 언더우드 씨에게 사람을 추천할 것을 제안함."이라고 전보했습니다. 답변이 오는 대로 알려 드리겠습니다. 언더우드 씨는 어쨌든 황해도로 갈 것이고, 박사님께서 그게 최선이라고 한다면 그렇게 될 것입니다. 하지만 언더우드 씨는 평상에서 요청하지 않는다면, 가기를 주저할 것입니다.

저는 끔찍한 실수가 있는 기사로 인해 박사님이 더는 난처하게 되지는 않으리라고 믿고 싶습니다. 어제 제가 말씀드린 것처럼, 이미 지역 신문에 실린 한국인에 대한 플랑시 씨의 기사가 문제를 일으켜서, 우리를 당황케 할 수도 있다고 생각했습니다. 외국인의 이름과 적어도 공사관이 언급되리라고는 꿈에도 생각하지 못했습니다. 다시는 같은 실수를 하지 않거라 믿습니다.

진심을 담아,
Jas. S. 게일.

1903년 2월 2일 [서울]

친애하는 알렌 박사님께,

베어드 씨로부터 "부재중인 헌트 씨는 전보로 답할 것임."이라는 답신을 받았습니다. 저는 토요일 밤에 도착했는데, 아직 "어떠한 회신도 받지 못한" 상태입니다.

한 씨는 오늘 정오 12시에 저를 찾아와서, 지난 금요일[판독 불가]에 조사를 시작되기로 한 합의가 있었던 외국 사무소에 방금 다녀왔다고 말했습니다. 그의 정보가 정확한지 확실치는 않지만, 박사님께 그에 관한 소식을 전할 수 있기를 바라고 있습니다. 또한, 한 씨는 해주에서 온 두 개의 전보를 가지고 있었는데, 그중 하나는 천주교 신부가 5명의 가톨릭 신자들에게 재판을 위해 서울로 가라고 명령했다는 내용을 담고 있었습니다. 두 번째로 도착한 전보는 그 다섯 남자가 도망갔다는 것을 알렸습니다.

평양으로부터의 답장이 이렇게 지체된 것은 무엇이 최선인지 알기 어렵게 만듭니다. 연락이 올 경우, 나중에 전해드리겠습니다.

진심을 담아서,
Jas S. 게일.

1903년 2월 4일 [서울]

친애하는 알렌 박사님께,

어젯밤 평양에서 온 전보에는 "조사에 마펫과 언더우드 두 사람을 긴급 요청함. 장관은 우리의 관계와 수사에서의 특권을 설명하는 전보를 요청함. 헌트, 마펫 (사인함)"이라고 적혀 있었습니다.

언더우드 씨와 저는 오늘 오후, 12시 전에 공사관을 방문할 예정입니다. 그러나 우리의 [판독 불가] 방문으로 다른 약속에 지장이 없으시길 바라며, 다른 시간에 방문할 수 있음도 양지해 주셨으면 합니다.

진심을 담아서,
Jas S. 게일

1903년 2월 13일 [서울]

친애하는 게일 선교사님께,

저는 황해도 조사에 한태순(Han Tai Soon)의 참석을 요청하는 내용이 동봉된 편지를 드 플랑시(de Plancy)[4] 씨로부터 받았습니다. 저에게 온 그 편지를 선교사님께 보내드리오니 읽으신 후, 다시 제게 보내주셨으면 합니다. 선교사님께서 한태순을 잡아 황해도로 보낼 수 있기를 저는 바라고 있습니다.

오늘 언더우드 박사로부터 그의 도착 소식과 조사관과의 접촉에 관한 또 다른 편지를 받았습니다. 그는 처음에 약간의 어려움을 겪었기에 제 메모를 보여줘야 했으며, 그로써 모든 것이 괜찮아진 것 같습니다.

오늘 저는 외무장관과 흥미로운 이야기를 한동안 나눴습니다. 그는 매우 총명하고 공정한 사람입니다. 그가 평양 북도 지사였을 당시 우리는 그에게서 매우 호의적인 인상을 받았습니다. 저는 그에게 논쟁 전반과 두 교회의 관계에 관해 설명해야 했습니다. 그는 프랑스인들에 의해 공직에 오르는 것을 선호하지 않기 때문에, 우리에게 어느 정도 의지하려는 경향이 있는 것 같았습니다. 저가 그에게 말하길 현

---

4 한국 초대 프랑스 공사로 부임한 빅토르 콜랭 드 플랑시(Victor Collin de Plancy, 1853~1922)를 말하는 것으로 추정됨.(역자 주)

재 공식적으로 그 문제에 대해 관여하고 있지는 않지만, 우리 쪽 사람들이 저에게 전체적인 소식을 전할 것이고, 제가 소식을 받을 때 즈음엔 그가 제게 공식적인 보고를 해줄 것으로 기대한다고 했습니다. 제가 프랑스 동료와 그 문제를 맡게 되면, 우리는 그 사안에 대해 협조할 수 있을 것 같습니다.

그는 황해도 지사에게 전보해서 언더우드 씨와 마펫 씨에게 고려해야 할 모든 사항을 알리고, 사안 전반에 대해 완전히 숙지시키겠다고 약속했습니다.

저는 오늘 언더우드 박사로부터 두 통의 편지를 받게 되어 매우 기쁩니다. 원하시면 이 편지를 그에게 보내도 좋습니다.

한태순을 황해도로 보낼 수 있는지 알려주시면 감사하겠습니다.

마음을 담아,

H.N. 알렌

1903년 2월 14일

친애하는 알렌 박사님께,

제가 마침 외출 중이던 저녁에 도착한 박사님의 편지에 답신을 서둘러 드립니다. 한치선(Han Chi-Sun, 프랑스 장관이 한태선이라고 쓴 걸 알지만, 외무부에서는 한치선이라고 명시해 쓰고 있음)은 언더우드 박사와 함께 해주로 갔고, 그는 거기에서 이제 증거를 제시할 준비가 되어 있습니다. 김 씨에 의하면 한 씨가 집에 가지 않고 해주에 남아 조사를 기다리고 있다고 합니다.

저는 언더우드 박사에게 편지를 쓰고 있는데, 박사님이 전달받았음을 알리는 내용의 편지를 동봉해 그에게 보내겠습니다. 저는 또한 그 문제에 대한 공식적인 조사 결과를 가능한 한 빨리 당신에게 보내라는 내용의 편지를 사무실에 보냈습니다.

우리 모두를 곤경에서 벗어나게 해주신 데 대해 깊은 감사를 드립니다.

진심을 담아.
Jas. S. 게일

1903년 2월 19일 [서울]

친애하는 게일 선교사님께,

어제 저녁 해주에 있는 언더우드 박사와 마펫 박사로부터 다음과 같은 전보를 받았습니다.

"수사관이 말하길 외무부를 통해 프랑스 장관은 고문을 이유로 수감자들의 석방을 요구한다고 했음. 남자들이 법정에서 유죄를 자백했고, 도주할 우려가 있다는 이유로 수사관은 이를 거부했음."

저는 이것에 대한 논의를 위해 드 플랑시(de Plancy) 씨를 만났고, 그는 그러한 요구를 하지 않았다고 합니다. 그는 수사관들에게 사람들이 놀라 달아나 전체 수사가 방해받지 않도록 전면적인 체포를 하지 않는 편이 낫다고 제안했다고 합니다. 수사관이 그냥 돌아와서는 할 수 있는 것이 없다고 말할까 봐 매우 두려워하는 것 같습니다. 왜냐하면, 그가 소심한 태도로 혼란스러운 외무부에 계속해서 전보만 보내고 있는 것처럼 보이기 때문입니다. 분명히 여응익(Ye Ung Ik)은 사건을 즉석에서 처리할 수 있는 권한이 있습니다. 드 플랑시 씨가 말하길 그는 실제로 사형이나 추방이 형벌로 선고된 사건의 경우, 사건은 서울로 회부되어 최종 판결을 받아야 하지만, 폭행이나 가벼운 투옥이 구형되는 경미한 사건은 모두 여응익이 처리하도록 권고했다고 했습니다.

따라서 저는 다음과 같이 회신을 보냈습니다. "프랑스 장관은 외무부에 고문을 언급하지 않았다. 그는 대규모 혹은 불필요한 체포를 피함으로써 적어도 사람들이 놀라 달아나지 않게 하라고 제안했다. 그는 수사관에게 경미한 사건은 처리하고, 중대한 사건들을 서울에 보고하라고 제의했다. 수사관은 서울에 너무 많은 전보 보내는 일 없이 일을 처리해야 한다. 외교부는 현재 많이 혼란스럽다. 최종 판결을 위해 서울로 사건을 보내기보다 현장에서 처리하는 것이 훨씬 낫다."

당신은 설명 및 전보 내용 확인을 위해 이 편지를 해주로 보내셔도 됩니다.

일본 신문들 가운데 특히, 고베 크로니클(Kobe Chronicle)은 헐버트가 쓴 기사에 대한 대중적 반응으로 인해 고양되어 있으며, 특히 개신교인들의 선교 활동에 피해를 주기 위해 그 기사를 최대한 활용하고 있습니다. 이일은 제가 아는 한, 선교 활동과 관련해 이곳에서 발생한 최악의 사건입니다. 헐버트 씨는 이 일과의 관련성을 숨기고 있습니다. 그가 선교 일을 싫어했다면, 더 많이 할 수 없었을 것입니다. - 아마도 그렇게 많이 하지는 않았을 것입니다.

1903년 2월 20일

친애하는 알렌 박사님께,

　저는 어제 공사관에서 제게 보낸 편지를 해주로 보냈습니다. [판독
불가] 위해 현장을 떠날 수 있는 모든 여건이 마련되어 있음에도, 오
직 그만이 무슨 일이든 자기 본분을 다할 충분한 용기가 있는 것 같
습니다. 저는 박사님께서 보내주신 전보가 다른 무엇보다도 길을 열
어줄 것이라고 확신합니다.
　리뷰(Review) 지와 관련하여, 저는 황해도 사안에 관한 향후의 어
떠한 기사아드 무관할 것입니다.

　진심을 담아서,
　Jas. S. 게일

1903년 3월 3일 [서울, 한국]

친애하는 게일 씨께,

해주에서 보낸 매우 흥미로운 편지에서 언더우드 박사는 테시에 (Tessier) 씨의 송환을 다소 미심쩍어하는 것처럼 보입니다. 그는 목사들의 영향 아래에 있게 될 것으로 예상하며, 마펫 박사와 자신이 어떤 공식적인 지위에 있지 않다는 사실을 제게 상기시키려 하는 것처럼 보입니다.

제가 이해하기로는 테시에 씨의 해주 송환은 프랑스인이 특정 혐의를 받고 있다는 사실로 인해 불가피한 조치였으며, 그의 조사관 중 한 명에 의해 그가 현장에서 조사를 받아야 한다는 것은 합당합니다. 미국 선교사 중 [일부가] 부당한 대우를 받았음에도 불구하고, 아직 직접적으로 관련된 미국인은 없고, 미국의 국익도 피해를 입지는 않았습니다. 따라서 우리 쪽 사람들이 그 일이 악화하는지 지켜보며, 제게 알리도록 하는 것이 현명하고 적절한 처사라 생각합니다. 따라서 우리는 테시에 씨가 방해가 된다는 것을 알게 될 것입니다. 그렇게 되지 않기를 바라지만 말입니다.

저는 열이 심하게 나는데, 당신도 마찬가지라고 들었습니다. 저의 안쓰러운 마음을 전합니다. 원하시는 방식으로 이 편지를 윤독하셔도 좋습니다.

진심으로 고맙습니다.

알렌

1903년 3월 3일 [서울]

.

친애하는 알렌 박사님께,

 당신이 요즘 돌고 있는 끔찍한 오한과 열병에 시달리고 있다는 것을 알게 되어 유감입니다. 저는 박사님께서 빨리 완쾌되리라 믿습니다. 제 열도 진정되는 것처럼 보이네요.

 저는 언더우드 박사에게 그들이 떠날 방법이 확실하다고 판단될 때까지 잘 버티도록 격려해 주기를 부탁할 것입니다. 어제 도착한 마펫 씨의 두 통의 편지에 따르면, 그는 조사관과 정부가 공평하게 그들의 권리를 보호하고 있는지 의심을 품고 있는 것 같습니다.

 감사와 존경의 마음을 담아서,
 Jas. S. 게일

1903년 3월 4일 [서울]

친애하는 게일 씨께,

　오늘 아침에 보내주신 전보를 동봉한 편지를 패독(Paddock) 씨 편에 드 플랑시(Plancy) 씨에게 보냈는데, 그 편지에는 꽤 놀라운 내용이 있었습니다. 그는 테시에 씨가 빌헬름스(Wilhelms)의 집에 있는 동안은 사건 진행을 중단했고, 지금은 귀환했다고 합니다. 오늘 아침 그에게서 온 전보는 모든 일이 만족스럽게 해결되었다는 내용이었는데, 이는 조사 중지를 의미합니다. 드 플랑시 씨가 테시에 씨에게 내린 명령은 모든 사항을 공개 재판으로 끌고 가라는 것이었습니다. 드 플랑시 씨는 테시에 씨에게 언더우드 및 마펫 씨와 상의하도록 지시할 것이라고 했습니다. 또한, 테시에 씨에게 사안이 어떻게 되었는지 철저히 보고하게 했으며, 다시 죄수들을 재판을 위해 해주로 송환하겠다고 했습니다. 드 플랑시 씨는 경찰 철수에 대해 전혀 아는 바가 없었지만, 충돌을 피하려고 경찰이 빌헬름 신부의 집 근처를 떠날 필요가 있다고 테시에 씨가 판단했을지도 모른다고 말했습니다. 사실 그는 마지막 전보 중 하나에서 충돌의 위험은 이제 피했다고 밝혔습니다. 어제 설명해 드렸듯이 언더우드 씨와 마펫 씨는 테시에 씨와 충돌할 이유가 없습니다. 테시에 씨는 프랑스인이 곤경에 처해있기 때문에 공식적으로 그곳에 있는 것입니다. 그들은 그들의 추종자들에게 도의적 지지를 보내고, 사건에 대해 제게 알리기 위해 그곳에 있는 것입니다. 왜냐하면, 제가 그 문제의 재판회부 요청에 동참했기 때문입니다. 지금 제가 미국 관리를 그곳에 파견하는 것은 타당하지 않을 것 같습니다. 그리고 패독 씨가 떠날 수 없으므로 어쨌든 보낼 사람이 없습니다.

　진심을 담아서,
　알렌

1903년 3월 4일

친애하는 알렌 박사님께,

어젯밤 늦게 온 전보를 동봉합니다. 언더우드 씨와 마펫 씨에게는 옳든 그르든 사제들과 [총무] 사이에 결탁이 있을지도 모른다는 두려움이 있는 것 같습니다.

당신이 어제 친절하게 보내주신 메시지는 언더우드 박사에게 전달했습니다.

진심으로 감사드립니다.
Jas. S. 게일

1903년 3월 5일 [서울]

친애하는 게일 씨께,

당신의 해주행이 일을 복잡하게 만들 거로 생각하지는 않습니다. 저는 해주에 가는 일이 많은 도움이 될 수 있다거나, 특별히 해를 끼칠 것이라고도 생각하지 않습니다.

저는 드 플랑시(de Plancey) 씨가 빌헬름이 한 일에 대해 유감을 표한 다소 분명한 언급을 토대로 그렇게 결론지었습니다. 동시에, 정부를 대표해 교회를 수호하는 그의 위치는 이 문제에 있어 가능한 한 유리한 합의를 하도록 그에게 부담을 줄 것입니다. 그러나 외무부와 프랑스 공사관을 통해 그가 한 일을 제가 알게 된 것은 분명히 적절한 것이었습니다. 만약 당신이 그곳에 가야만 한다면, 오늘 제가 받은 전보 같은 소식들을 제게 보내주시기 바랍니다. "정보는 확실한 것 같습니다. 송부된 편지를 보시되, 정보의 출처에 대한 언급은 피해 주십시오. 전보에 관한 소문은 무성하지만, 확인이 필요합니다." 제가 어떤 것도 확실히 하지 않고, 정보의 출처도 밝히지 않기 때문에 이상해 보일 수도 있을 것입니다. 오늘 저녁에 도착한 또 다른 전보에는 조사관이 사직서를 제출했다고 쓰여 있었습니다. 저는 드 플랑시 씨에게 이에 대해 편지를 썼고, 그가 그 사직서를 받아들이지 않기를 바라고 있습니다. 아마도 우리쪽 사람들을 잠시 쉬게 하는 것이 좋을 것 같습니다. 저는 그들이 이 일을 다소 심각하게 여기는 것이 우려스럽습니다.

마음을 담아서,
[알렌]

1903년 3월 5일

친애하는 알렌 박사님께,

저는 방금 언더우드 씨와 마펫 씨로부터 한국어로 된 전보를 받았는데, 그 전보에는 다음의 내용이 담겨 있었습니다. "편지를 받은 후이 배에 승선하세요. 일요일을 보내고, 상황을 확실히 파악하세요. 월요일에 돌아가서 장관에게 보고하세요. 이것이 우리의 간절한 소망입니다." 제가 갈 수 있을지 없을지는 모르겠지만, 떠나기 전에 제가 그처럼 하는 것이 현명한 행동인지에 관해 박사님은 어떻게 생각하시는지 알고 싶습니다. 만약 제가 당신에게 전체를 보고하기 위해 단순한 메신저로 가게 된다면, 문제를 더 복잡하게 만들게 될까요? 그리고 득보다 실이 더 많을까요? 어느 쪽이든 상관없다고 생각하신다면, 저는 가는 것을 검토해 보겠습니다. 저는 그것이 어떤 득이 될지 잘 모르겠습니다.

이 문제에 대해 조언해 주신다면 매우 감사하겠습니다.

진심을 담아서,
Jas. S. 게일

1903년 3월 6일

친애하는 알렌 박사님께,

저는 박사님의 편지를 받고 해주에 가지 않기로 했는데, 오늘 아침 번역 일을 하고 있을 때 언더우드 씨와 마펫 씨로부터 "긴급히 꼭 오길 바람."이라는 다른 전보를 받았습니다. 그래서 저는 첫 기차를 타고 제물포에 갈 예정이고, 오늘이나 내일 떠나는 배에 타려 합니다.

어젯밤 박사님께서 아직도 감기와 고열로 아프다는 소식을 들었습니다. 제가 돌아오기 전에 박사님께서 완전히 회복될 거라고 저는 믿습니다.

저는 어떻게든 그들이 박사님께 어떤 확실한 공식 보고를 해야 하는지 알아보고, 돌아와서 보고하도록 하겠습니다.

진심을 담아,
Jas. S. 게일

1903년 3월 13일 [서울]

친애하는 게일 씨에게,

저는 어제 드 플랑시 씨를 만나 제가 가장 강조했던 문제, 즉 성직자들의 법권 장악과 그들의 돈 갈취, 한국인들에 대한 처벌과 고문 등에 관해 당신이 제기했지만, 제가 그에게 보고하지 않았던 많은 정보를 드렸습니다. 저는 이 문제를 여러 차례 제기했고, 마침내 그 문제를 가장 상세히 기록한 법원에 보고된 사건보고서 사본과 번역본을 그에게 전했습니다. 오늘 아침에 보내주신 훌륭한 보고기록을 가지고 있었다면, 그것 또한 그에게 전해주었을 것입니다. 그러나 제출된 것만으로도 그러한 관행이 일반적이라는 것을 증명하기에 충분할 것입니다.

테시에 씨는 조사관의 태도로 인해 아무것도 할 수 없다고 밝혔습니다. 저는 빌헬름스의 집에 숨어 있었던 것으로 추정되는 1급 수배범 두 사람의 탈출에 대해 설명했습니다. 드 플랑시 씨는 이 사실을 알고 있었고, 테시에 씨가 그 탈출 사건에 대해 크게 분개했다고 말했지만, 그 사람들은 여전히 잡히지 않고 있습니다. 군인들에게 약탈의 기회를 줄 수 있고, 심각한 봉기로 이어질 수 있는 혼란을 초래할 수 있으므로 드 플랑시 씨는 군에 대한 조사관의 요구에 대해 매우 반대하고 있습니다. 이 점에 대해 저는 그의 의견에 동의합니다. 테시에 씨는 조사관이 사건 심리에만 전념할 뿐, 문제 해결은 거부하고 있다고 말했습니다. 드 플랑시 씨가 말하길 조사관이 테시에 씨와 빌헬름 씨에 대한 소환을 요청했다고 했습니다. 그리고 저는 테시에 씨가 조사관과 일할 수 없을 것 같고, 빌헬름 씨는 1급 수배범들에게 피난처를 제공한 혐의가 있으며, 한국인들의 행위에 대한 책임이 있다고 추정되기 때문에 그렇게 하는 것이 좋을 것이라고 제안했습니다. 이 사람들이 소환된다면, 저는 언더우드 씨와 마펫 씨도 함께 소환하겠다고 발표했는데, 드 플랑시 씨는 관심 없어 보입니다.

제가 이렇게 하는 이유에 대해 설명해 드리고 싶군요. 그 이유는 실제보다 더 프랑스인들과 관련된 사건의 추가 기소와 연관된 유일한 외국인으로 우리 쪽 사람들이 남게 되는 것을 매우 유감스럽게 생각하기 때문입니다. 우리 쪽 사람들이 이러한 식으로 기소와 관련되게 된다면, 결국 처벌을 받거나 혐의에서 벗어날 수 없게 될 것입니다. 그러므로 저는 언더우드 씨와 마펫 씨에게 테시에 씨와 빌헬름 씨가 떠나면 혜주를 띠니라고 긴보를 길 깃입니다. 드 플랑시 씨는 외무장관에게 이응익(Ye Unk Ik)은 소환되어야 하며, 모든 사안을 도지사에게 넘길 것을 제안할 것이라고 말했습니다. 도지사는 빌헬름 씨와 오랫동안 대립하고 있으며, 조사관에는 없는 조사권과 처벌권을 가지고 있습니다. 그렇게 된다면 이 사안은 순전히 현지인들의 것으로, 다소 지역적인 문제가 될 것입니다. 비록 저는 그렇게 일이 진행되는 것에 확실히 찬성하는 건 아니지만, 많은 부분 동의했습니다. 그래서 저는 오늘 아침에 그에게 편지를 써서 조사관을 즉시 소환하는 것은 실수이며, 선제적 소환으로 인해 전체 수사가 중단되지 않도록 도지사와 연계하여 추가 조사를 진행하자고 제안했습니다. 그 이후 제게 편지해 말하기를 그가 외무장관에게 테시에 씨와 빌헬름 씨의 소환을 제안했고, 일주일 정도 지나면 조사관도 소환할 것이고 했습니다. 그리고 그 기간 동안 그는 처리해야 할 모든 사건들을 종결시켜 도지사에게 넘길 것이라고 했습니다. 저는 이처럼 일이 진행될 수도 있고, 어쩌면 그것이 최선일지도 모른다고 생각합니다. 왜냐하면, 그 문제를 통제할 수 없게 되는 것은 유감스러운 일이기 때문입니다. 원하신다면, 이 일에 대해 우리 쪽 사람들에게 알리거나 이 편지를 그들에게 보내셔도 됩니다.

진심을 담아서,
H. N. 알렌

친애하는 알렌 박사님께,

공교롭게도 [코웬(Kowen)] 씨가 어제 읽은 탄원서가 이번 살인 사건을 야기시켰습니다. 하지만 탄원서에는 이에 대한 언급이 없습니다. [곽(Koak)] 씨는 그의 소를 되돌려받기를 원했습니다. 하지만 그는 소가 사라졌을 동안 아내의 삼촌이 소의 숫자를 확인하지 않았다고 분명히 생각했기 때문에 그것에 대해 말하지 않았습니다. 만약 모든 소에 관한 공식적인 증거로 쓰일 수 있다면 문서를 번역해서 동봉하겠습니다. 한자로 된 원문도 원하신다면 보내드리겠습니다. 그 일은 이 사람들이 얼마나 무력한지 그리고 가톨릭 사제들이 얼마나 잔인한지 보여줍니다. 왜냐하면, 그 신부는 여전히 사제로 남아 있고, 피의자 장 씨는 체포 당일까지 교회 지도자였기 때문입니다. 이 일은 전국의 가톨릭 사제들과 지도자들이 어떤 방법을 사용하고 있는지 보여줍니다. 이번 사건은 이와 엇비슷한 많은 일들 중 하나일 뿐입니다. 그들은 1895년까지 원산에 있었고, 저는 그것이 예외적이라고 생각했지만, 그것이 전국적으로 사용되고 있다는 것을 보여주는 증거가 지금 나오고 있습니다.

동봉한 문서는 조사관이 이 사건을 어떻게 검토하고 처리하는지 알 수 있도록 하는 증거 문서의 번역본입니다. 그는 관대하고, 증거를 얻기 위해 벌하지는 않으며, [판독 불가] 방식으로 이번 사건의 진실을 밝힐 것입니다. 이번 일은 가톨릭 사제들에 의해 사람들이 얼마나 무력하게 겁먹고, 공포에 떨고 있는지를 보여줄 것입니다. 이 사람 [곽] 씨는 물론 개신교도가 아닙니다. 그의 사건은 다른 많은 사건들과 같아서 만약 사건들이 이관되지 않았더라면 어떤 것에 대해서도 재판을 받지 못했을 것입니다. 이 때문에 조사관이 내려와서 사건을 맡게 되었던 것입니다.

긴밀으로 감사드립니다.

Jas. S. 게일

1903년 3월 14일 [서울]

친애하는 게일 씨께,

드 플랑시 씨는 외무장관이 황해도 조사를 2주 이상 지체하지 말고 즉시 종결한 후 서울로 돌아가라는 지시를 받았다고 제게 편지했습니다.

그는 테시에 씨와 빌헬름 씨에게 다음 배편으로 해주를 떠나라고 전보를 보냈다고 밝혔습니다. 그래서 저는 언더우드 씨와 마펫 씨에게 다음과 같은 전보를 보냈습니다. "프랑스 장관은 테시에 씨와 빌헬름 씨를 소환했음. 나는 당신이 같은 시간에 떠나기를 바람. 조사관은 2주 이내에 조사를 신속히 종결하라고 지시했음."

진심을 담아서,
알렌

1903년 3월 14일 [서울]

친애하는 알렌 박사님께,

당연히 프랑스 장관은 이 모든 문제를 덮고, 지역적 사안으로 치부되기를 바라고 있습니다. 하지만, 의심을 더 많이 할 수밖에 없는 충분한 증거가 드러났습니다. 장관은 고문이나 어떤 불법적인 방법을 쓰지 않고 많은 것을 밝혀낸 조사관을 소환하기를 원합니다. 그는 군인들을 동원하는 것을 원치 않지만, 가톨릭 신자들은 곳곳에서 경찰의 노력을 방해하고 있습니다. 장관이 법을 무시하는 행위들을 간과히는 것은 아니지만, 다른 한편으로는 지국민에 의해 지지를 받으며, 그러한 행위들이 계속되도록 내버려 두었습니다. 그는 반체제 인사들과의 관계를 끊겠다고 약속했지만, 지키지 않았습니다.

한국군이 의기소침하게 되는 위험성과 관련해서, 한국군이 로마 가톨릭 폭도들과 비교해 소극적이라는 것이 충분히 입증되었습니다. 비록 당신이 어떤 경우 사람들을 가두고, 고문하며, 약탈 및 살해하는 이러한 조직의 존재에 대해 프랑스 장관의 관심을 환기했음에도, 그는 그들을 없애기 위한 어떠한 조치도 취하지 않았습니다. 반면에, 테슬러(Tessler) 씨는 프랑스 장관과 교황의 조치에 대해 조사관이 표명한 무관심에 대해 크게 분개한 것으로 보입니다.

언더우드 씨와 마펫 씨는 빌헬름의 추방과 같은 정도의 조치 외에는 어떠한 것도 이와 같은 사건의 재발을 막을 수 없다고 생각합니다.

불법적이며, 잔혹한 방법으로 이 나라를 장악하고 있는 프랑스 성직자들을 한 번에 멈추게 하거나, 진정시키기 위해 무엇을 할 수 있을까요?

그 사건이 그와 같이 종결되지 않았을 경우, 격렬한 봉기와 같은 계획이 수립되어 있었다는 소문을 들었습니다. 만약 이번 조사가 이루어지지 않았을 경우, 황해도에서 그 계획은 실행되었을 것입니다.

저는 빌헬름, 라개, 그리고 다른 사람들이 제지당하지 않았더라도 큰 봉기가 일어날 충분한 조짐이 있다고 생각하지는 않습니다. 빈곤하고 무지한 사람들의 대다수가 [틀림없이] 그들이 정기적으로 권력을 부여했고, 그래서 복종한다고 생각했을 겁니다. 지금은 그들 손에 쥐어진 신문과 공보를 통해 그러한 권력자들에게 세상에서 구타나 고문, 그리고 투옥할 권리가 없다는 것을 알게 되었습니다. 또한, 잘못된 일들이 바로잡히지 않는다면, 장래의 행동에 있어서 발단이 될 것입니다. 어떤 의미에서, 우리 모두는 연관되어 있고, 또한 같은 위험에 처해있습니다. 저는 기선으로 오는 도중에 사람들이 전체 서구 세계가 시험에 처해있고, 그들이 프랑스인과 미국인을 구별하지 않는 것에 대해 당연한 비난을 받고 있다고 말하는 걸 엿듣지 않을 수 없었습니다. 그런 의미에서 우리 모두는 깊은 개인적 이해관계를 가지고 있는 것이 아니겠습니까?

저는 마펫 박사와 언더우드 박사가 빌헬름 씨와 테시에 씨가 소환당했을 경우에만 그들에 대한 소환이 정당하다고 여기리라 확신합니다. 주목해야 할 점은 두리엣(Doureet) 씨가 여전히 공식 기자로서 그곳에 있을 것이고, 취임하는 사람들의 진실이 밝혀지는 것을 막기 위해 많은 일을 할 수 있다는 것입니다. 이러한 정권 통치 방식은 비탄에 빠지는 것을 막기 위해 가능한 모든 것을 합니다.

나라 전체에 영향을 주는 사건에 조사관이 파견되고, 덜 순종적인 판사에 의해 재판이 진행되는 것에 대해 언더우드 씨와 마펫 씨 모두 극도로 유감스러워할 것이라고 저는 생각합니다.

테시에 씨 보고서에 따르면, 조사관이 문제를 해결하기를 거부하는 것은 분명 부당한 처사입니다. 만약 조사관이 프랑스 장관의 이름으로 약속한 것을 믿고 우리가 반체제 지도자들을 포기했다면, 문제는 해결되었을 것입니다. 고의든 아니면 무능이든 간에 그는 그들이 도망치게 했습니다. 그는 조사관이 아닌 자신의 역할에 실패했습니다. 그리고 재판이 진행되기 전에, 조사관에게 체포할 기회를 주는 것이 공평하지 않겠습니까?

해주에 있는 기자들과 한국에 관심이 있는 우리 모두는 자조한 조직을 혁파하고, 범죄자들이 법의 심판을 받게 하며, 향후에 법에 따라 백성들이 살아갈 수 있게 하기 위해 프랑스 장관이 앞으로 어떤 조처를 할지 매우 애타게 지켜볼 것입니다.

긴 서신으로 폐를 끼쳐서 죄송합니다만, 이 사안과 관련하여 언더우드 씨와 마펫 씨, 그리고 다른 사람들이 제기한 사항들에 대해 가능한 진실되게 말씀드리고 싶었습니다.

법을 준수하는 모든 사람이 [판독 불가] 인정되도록 힘써 준 당신의 영향력에 매우 감사를 드립니다.

진심을 담아서,
Jas. S. 게일

―추신
당신의 편지를 해주로 보냈습니다. J.S. 게일

1903년 12월 22일

친애하는 브라운 박사님께,

스미스 씨의 편지를 지체 없이 보내 주셔서 대단히 감사합니다. 저는 제 역할을 더 잘하지 못한 것으로 인해 죄인이 된 기분입니다. 저는 써야 할 선교보고서, 그리고 그 무엇보다 더 매진해야 하는 한국 [현장]이 있습니다. 저는 집에 있는 사람들과 연락을 유지하는 데 개인적 편지가 그렇게 많은 영향을 미치는지 미처 몰랐습니다. 방금 스미스 씨에게 편지를 써서 부쳤는데, [삼가] 사과의 뜻을 표했습니다. 저는 워싱턴에 있는 그처럼 좋은 분들의 마음과 신뢰를 잃지 않았기를 바랄 뿐입니다. 저는 내년 달력 2월 22일, 4월 22일, 6월 22일, 8월 22일, 10월 22일에 표시를 해두었는데, 그 날짜에 길든 짧든 편지를 보낼 것입니다. 그리고 내년이나 내후년에는 스미스 씨의 마음에 새로운 비전이 움트길 바랍니다. 왜냐하면, 그는 제가 만난 사람 중 매우 훌륭한 사람에 속하기 때문입니다.

집에 오는 도중에 10월 3일이 [판독 불가] 다 되어서도 배를 잡을 수 없어서 치푸(Cheefoo)로 건너가서 기다렸습니다. 당시가 치푸의 첫 방문이었고, [판독 불가] 매우 즐거운 시간을 보냈습니다. 오늘 밤은 [판독 불가]로부터 소식을 들었는데, 모두 잘 지낸다는 내용이었습니다. 보내주신 소식에 감사드립니다. [판독 불가] 여기 일은 잘 진행되고 있으며, 모두 [판독 불가] 일하고 있고, 지금 [판독 불가] 서울에 힘이 됩니다. 레이놀즈 씨와 저는 매일 번역 일을 하고 있습니다.

제가 작업하던 책이 완성되어 집으로 부쳤습니다. 책을 마치기 위해 최선을 다했습니다. 저는 지난 몇 년간의 선교 활동을 사진으로 남겨야 하고, 사람들을 [판독 불가] 모아, 현장의 결과들을 [판독 불가] 보고해야 합니다. 저는 선교부에 속하고 투표권이 있는 두 명의 회원에게 그 내용을 읽어주었고, 그들은 전폭적인 지지를 해주었습니다. 제가 [판독 불가]을 작성하면서, 본부 서기의 승인을 받을 희망을 버리고 있던 차에, 그는 본부가 여기 일에 대한 권한에 대해 함구케 하는 책을 보내왔습니다. 저는 당신이 그것에 대해 어떻게 생각하는지 알고 싶습니다.

우리는 현재 극심한 불안을 겪고 있습니다. 분명히 우리가 직면한 문제는 일본이나 러시아가 새롭게 기세등등해지고 있다는 것입니다. 러시아가 전쟁의 분위기를 고조시키면서 엄청난 전쟁 준비를 하는 동안 일본은 오랜 기간 [결정에 있어] 고심하고 있는 것처럼 보입니다. 우리는 한국이 맡기보다 일본이 들어와 맡을 것이라 믿고 있습니다. 지난 2년 동안 이곳 다이이치 은행의 일본인 성도 다카키 씨가 우리와 함께했는데, 그의 명성과 영향력은 우리에게 큰 도움이 되었습니다.

저는 다만 그와 같은 사람들이 더 많이 보내지기를 바랄 뿐입니다.

저는 이 편지가 당신에게 도달하기 전에 일이 잘 풀려서 이곳 극동의 문제가 해결되기를 바라고 있습니다. [판독 불가] 씨의 새로운 [판독 불가]을 받아 주셔서 감사드리며, 브라운 여사께 안부를 전합니다.

진심을 담아서,
Jas. S. 게일

1904년 1월 6일

친애하는 알렌 박사님께,

어제 제국신문의 기사와 오늘 기사 두 장을 함께 보내드릴까 생각했습니다. 아마 당신은 그들을 읽으셨을 겁니다. 그럼에도, 혹시 당신이 보지 못했을지도 몰라 저는 임의로라도 보내야겠다고 생각했습니다. 그 기사들은 이곳 사람들에게 미국인에 대한 나쁜 감정을 불러일으키려는 명백한 의도로 게재되었고, 사안을 처리하는 한국의 다른 방법들과 맥을 같이 하고 있습니다.

1월 5일 화요일
"요즘에는 미군들이 수도로 쳐들어온다는 소문이 나돌고 있다. 좀 전에 동쪽으로 미군 수백 명이 들어왔다.
제시된 명분은 그들이 공사관과 미국인을 보호하기 위함이라는 것이다. 요전 날 공사관 부속 건물들은 불을 밝혔으며, 이러한 목적을 위해 수리되었다."

1월 6일
도성에 진입한 미군과 관련하여 이[근준](Yi Kon-jun) 씨를 위한 외국인 통역이 미국 공사관에 파견되었다. 그는 장관에게 물었다. "각하께서는 공언했던 파견에 대해 언급하셨습니다. 어떤 평화 속에서 전투가 벌어지고 있습니까?"라고 물었다. 장관은 "조금만 기다리면 전쟁이 있는

지 없는지를 듣지 않아도 알 수 있을 것"이라고 대답했다.

그는 다시 물었습니다. "각하께서는 성안에 무법한 군인이 있다고 말씀하셨습니다. 어떤 군인을 말씀한 것인지요?"

미국 장관은 "요전 날 그들이 전차를 박살 내려고 했을 때 [판독 불가] 그들은 법을 준수하는 군인이었습니까?"

제국신문은 무지한 백성들에게 한국이 얼마나 흠 없는 나라인지, 그리고 한국이 얼마나 심하게 이용당하고 있는지를 보이기 위해 이 사건을 인용하였습니다. 어쨌든, 이번 기사는 그 사건에 대해 제가 본 해석입니다.

우리에게는 미국으로부터 이곳으로 군인이 와서 기뻐하고 감사할 이유가 더 많이 있습니다.

진심을 담아서,

Jas. S. 게일

1904년 1월 14일 [서울]

친애하는 알렌 박사님께,

이러한 편지들로 인해 폐를 끼쳐서 죄송하고, 굳이 답장하지 않으셔도 됩니다. 신문에 이런 식으로 기사를 쓰는 것은 한국인들의 예전 모습과는 너무 달라서 지금과 같은 중대한 시기에 주목하지 않을 수 없습니다.

제국신문 1904년 1월 14일

공무원들의 업무
아아! 오늘 우리나라의 처지를 살펴보라. 공직자든 백성이든 속상해할 것이며, 절망적이지 않을 수 있겠는가. 정부의 무질서는 마치 산발한 머리와 같도다. 업신여기는 태도를 가진 외국인들은 사나운 호랑이처럼 탐욕스럽도다. 그들의 병사들은 어떠한 어려움도 겪지 않고 성벽 밖에서 아무런 어려움 없이 마음대로 도시를 침범했다. 그들의 병사들은 말벌처럼 일어나는 강도들이다. 그는 정부의 고위관들이 어떤 정책을 채택하며, 어떤 계획을 통해 이러한 상황을 바로잡아 외국인들의 경멸을 종식시키고, 국왕 폐하의 뜻에 부응할 것인가 등등

이 전체 기사는 전부 정부와 외국인에 대항하도록 국민을 선동하여 어리석은 짓을 하도록 부추기는 [판독 불가] 광기 어린 글입니다.

또한, 꽤 믿을 만한 소식통에 의하면 정부는 일본인들로부터 3000명의 행상인과 [판독 불가]을 사용할 것을 재촉받고 있고, 곧 입장을 취하기로 결정했다고 합니다. 물론 이것은 단지 한 한국 사람의 말일 뿐이지만, 그는 모든 문제에 대해 잘 아는 가족의 일원이며, 불필요한 우려를 만드는 자는 아닙니다.

번거롭게 답장하지 않으셔도 됩니다.

진심을 담아서,

Jas. S. 게일

1904년 1월 18일 [서울]

친애하는 브라운 박사님께,

저는 지부로부터 성경 번역 작업에 이미 소요된 금액과 시간에 대한 명세서를 당신에게 송부해 달라는 요청을 받았습니다. 여기에 연도와 완료된 작업 내용이 기록된 표를 작성해 보내드립니다. 아마도 여기서 이루어진 작업 내용을 한눈에 확인할 수 있으실 겁니다.

연도	번역번호	[ ] 회기	번역 분량
1893~1894	5	20	[ ] 제1장부터 제5장까지 vs. 48
1894~1895	4	없음	개별작업준비
1895~1896	5	없음	개별 작업 = 복음서와 사도행전 완성
1896~1897	5	59	(개별 작업= 갈라디아서, 에베소서, 로마서, 요한 1서, 요한 2서, 요한 3서, 요한복음, 야고보서) 마태복음 5장 산상수훈
1897~1898	4	39	마태복음 나머지, 마가복음 전체
1898~1899	4	40	누가복음 1장부터 18장까지
1899~1900	4	110	누가복음 19장부터 사도행전 끝까지
1900~1901		약	아펜젤러의 죽음에 대해 황해에서 분실한 기록들
1901~1902		~60	로마서부터 고린도전서 6장까지
1902~1903	3	141	고린도전서 7장부터 데살로니가전서 1장; 6장
1903~1904	3	141	(1904년 10월 일본에) 데살로니가후서 6장부터 히브리서 8장까지

아직 998개의 구절을 더 번역해야 하며, 하루에 10개의 구절을 번역하면 6월 3일까지 약 100일이 걸릴 것 같습니다. 신약성경을 완역

하는데 10년이 소요됐지만, 현재 1년에 약 160회의 번역 회기가 있기 때문에 10년 동안 본부가 확보한 전체 시간은 3년 4개월에 달합니다. 즉, 본부는 약 7950절의 신약성경을 완역하기 위해 2년 4개월을 소요했다는 것입니다. 구약성경에는 23150개의 구절이 있는데, 하루에 10구절을 번역하면 2315회의 번역 회기가 필요하며 14년 후인 1918년에야 구약성경은 완역될 것입니다. 이러한 계획은 가장 어려운 서신들의 작업 속도를 고려한 것입니다. 구약성경의 많은 부분은 예언서로 되어있는데, 서신들을 포함해 [판독 불가]만큼 어렵습니다. 하지만 구약의 많은 부분은 [판독 불가] 이야기로 되어있고, 매우 쉽습니다. 당신은 표에서 복음서와 서신서 간의 작업 속도의 차이를 확인할 수 있을 것입니다. 복음서의 경우 한 회기에 27절까지 번역할 수 있는 반면, 서신서의 경우에는 같은 시간에 [판독 불가] 10절 정도 번역할 수 있었습니다. 특히, 로마서, 갈라디아서, 에베소서와 히브리서가 이러한 경우에 해당합니다.

구약성서와 관련하여, 본부는 이미 선교본부에 여러 권의 책을 가지고 있지만, 구약은 잠정적 번역본으로 인쇄하기를 바랍니다. 약 10년 안에 우리는 모든 구약성경이 읽을 수 있는 형태로 준비되기를 희망합니다. 그러나 영구적인 번역본이 되기에 앞서 신중하게 검토해야 하며 이는 시간이 걸리는 작업입니다.

세 명이 하루에 한 명은 번역하고 다른 두 명은 번역을 수정하여 통과시키는 방식은 위원회가 취할 수 있는 가장 단순하고 명료하며 가장 수월한 방법입니다. 당신은 어떻게 우리 각자가 일을 맡아 가장 잘할 수 있을지 제안할 수도 있습니다. 이러한 방식이 우리가 취하는 방식이지만 당신의 언급처럼 그것을 사용할 어떤 사람들에게 제출하는 것이 필요할 수도 있을 것입니다. 그와 관련하여 우리는 두 명의 위원회 위원들에게 번역본을 제출하고 있는데, [판독 불가] 번역과 관련한 난해한 모든 문제들을 토론하고 그에 따른 결정을 내리는 기회를 가졌습니다. 한 사람에게 전적으로 의존하지 않는 한, 이것이 [판독 불가] 우리가 할 수 있는 가장 간단한 방법인 것 같습니다. 그리고 우리의 과거 경험으로 미루어 볼 때, [판독 불가] 각각의 번역자들은 자신의 개인적인 결정에 대해 [판독 불가] 점점 더 자신감을 잃어가고 있습니다. 우리는 직면하게 되는 많은 문제들에 관해 결정할 필요가 있습니다.

진심을 담아서,
Jas S. 게일
서울지부

1904년 4월 22일 [서울]

친애하는 브라운 박사님께,

"선봉(The Vanguard)"에 대한 당신의 승낙에 말로 표현할 수 없을 정도로 감사를 드립니다. 그것이 빛을 볼 수 있도록 한 당신의 승낙은 그 일에 매진한 노력에 대한 충분한 보상이 되었습니다. 동양의 정말 멋진 곳에서 일궈낸 진정한 선교 활동의 성과를 우리가 가장 소중히 여기는 사람들과 본부의 관계자들, 그리고 [파송] 교회가 받아들일 수 있는 방식으로 보여주는 것이 무엇보다도 중요한 일이라고 저와 제 아내 모두 생각하고 있습니다. 책과 함께 온 승낙의 의지가 날인된 당신의 편지에는 제가 형용할 수 있는 것보다 더 많은 [판독 불가] 소중한 마음이 담겨 있었습니다.

저는 제게 하나님의 은혜가 임하길 바라고, 그로 인해 많은 어려움 속에 있는 이곳 사람들에 대한 관심을 불러일으키는 데 도움이 되길 바라고 있습니다.

브라운 부인께 안부를 전하며, 당신께도 깊은 감사의 뜻을 표하고 싶습니다.

진심을 담아서,
Jas S. 게일

1906년 6월 11일 [22 발렌틴, 로잔, 스위스]

친애하는 브라운 박사님께,

아내 그리고 딸들과 함께 있는 스위스 로잔에서 다시 한번 편지를 씁니다. 가족들은 로마까지 나를 마중 나왔고, 일주일 이상 우리는 "영원한 도시"에서 즐거운 시간을 보냈습니다. 제 아내가 6년간 바쁘게 살았던 이 마을로 돌아오며 즐거운 여행을 했습니다. 이제 우리는 다음 방문국으로 미국을 생각하고 있습니다.

이곳에 온 후 집에서 어떻게 지낼지 생각하는 한편, 가을과 겨울을 보내려는 워싱턴 D.C.에서 몇 마일 떨어진 시브룩(Seabrook)에 어떻게 집을 구할지 궁리하고 있습니다. 워싱턴 교회는 우리의 관심의 중심에 있고, 필요에 따라 거기서 이동할 수 있기 때문에 본부는 그곳을 호의적으로 여길 것으로 생각합니다.

(제가 3월 31일 날 서울을 떠나서) 즉 4월에 한 달간 고향에 가면서 집을 비우는 걸로 계산하면, 5월 1일부터 주택수당이 지급되는 게 맞는지요? 제 막내딸은 7월 14일이면 18살이 되는데, 그날부터 딸에 대한 보조금은 중단될 것입니다. 집으로 가는 여행 운임과 경비로, 나는 300달러의 금을 받았습니다. 최근 서울에서 뉴저지로 간 감리교 선교사는 25달러를 백 씨에게 갚았고, 그 소중한 것 [판독 불가] 빈튼 박사는 서울에 있는 개인들로부터 그의 편도여행 경비로 300달러를 지원받았습니다. 그래서 300달러는 최대 금액으로 간주될 수 있

을 것입니다. 여비 충당과 관련해서는 고향에서 이곳에 오는 여비를 제가 부담하기 때문에 물론 [판독 불가] 금액은 매우 감사할 것입니다.

8월 중순이나 말경에 해변의 이 집을 구할 수 있을 것입니다. 이렇게 지연되는 것으로 인해 제가 돌아가서 할 새로운 일에 관한 본부의 계획이 방해받지 않기를 바랍니다. 아내와 저는 관심을 불러일으키기 위해 우리가 할 수 있는 어떤 일이라도 하고자 합니다. 그럼에도 당신이 만나게 될 5인 가족이 할 수 있는 가능한 계획을 세우는 것이 필요해 보입니다.

워싱턴은 역시 [판독 불가] 정말 더운 계절에 있을 만한 도시가 아니었습니다. 그럼에도 여기 언덕은 [판독 불가] 정말 멋집니다. 우리는 6월 말경에 이곳을 떠나 북쪽으로 한 시간 정도 떨어진 곳에서 한 달 정도 보내려고 합니다. 나중에 다시 편지하겠습니다.

저는 상해에서 오는 내내 순조롭고 유쾌한 여행을 즐겼고, 더 이상의 이별은 없다는 생각과 함께 찾아온 기쁨은 여누를 수 없는 행복감처럼 느껴집니다.

모두에게 따뜻한 안부를 전합니다.

진심을 담아서

Jas. S. 게일

1906년 7월 9일 [65 러프버러 파크브릭스턴, 런던, 사우스캐롤라이나주]

친애하는 브라운 박사님께,

런던이라는 표제에서 알 수 있듯이, 우리는 8월 11일 글래스고에서 출발하는 앵커 라의 "칼레도니아(Caledonia)"호 승선을 예약했습니다. 로잔에서의 살림살이를 정리하고 미국행을 준비하는 일은 모두에게 힘들었지만, 특히 제 아내에게 힘든 일이었습니다. 아내는 여기에서 휴식을 취하고 있으며, 우리는 매우 만족스러움과 기쁜 마음으로 집에 도착하기를 고대하고 있습니다. 우리가 도착할 8월 20일쯤에 워싱턴은 여전히 덥겠지만, 남쪽으로 가기 전에 보스턴 근처에서 일주일 정도 시간을 보낼 수 있을 것 같습니다. 이 일정이 아직 확실히 정해진 건 아닙니다. 여정이 너무 길어지게 되어 유감입니다만, [7명의] 가족이 함께 여행한다는 건 쉽지만은 않은 일입니다. (제 아내는 아직 여섯 살 된 아이 둘을 데리고 있습니다) 기선은 사람들로 금세 꽉 찼습니다. "칼레도니아"호는 좋은 기선이며, 항해에 유리한 시기입니다. 나중에 우리가 어디에 있는지, 가능한 한 빨리 [판독 불가] 보고 드리겠습니다.

우리가 매일 읽는 한국의 뉴스는 우리를 우려스럽게 합니다. 우리는 시간이 지남에 따라 더욱 격렬해질 것만 같은 정치적 [문제와] 분쟁의 시기를 앞두고 있습니다. 그러나 올해는 진정으로 훌륭한 기회이자, 최고의 해가 될지도 모릅니다.

우리는 이곳 런던에 캠벨 박사와 [판독 불가] 씨, 그리고 밀저 씨와 같은 설교자들이 우리 가까이에 있다는 것을 기쁘게 생각합니다.

우리 모두의 안부를 전해 주십시오.

진심을 담아서,

Jas. S. 게일

1906년 8월 21일 [앳킨슨, 뉴햄프셔주]

친애하는 브라운 박사님께,

어제 우리는 무사히 뉴햄프셔주 앳킨슨에게 도착했는데, 그곳에서 우리는 아내의 이모, 그리고 톈진 대학의 테니 씨의 친척인 테니 (Tenney) 부인과 며칠을 함께 보내려고 합니다. 우리는 멋진 배였던 '칼레도니아' 호를 타고 대서양을 횡단하며 즐거운 여행을 했고, 우리 여행의 목적지인 보스턴에 지체하지 않고 도착했습니다. 본부 선적 담당 부서의 맥닐 씨는 하선과 세관 통과 과정에서 우리에게 가장 중요한 도움을 주었습니다. 우리를 이처럼 염려해 그를 보내주셔서 정말 감사합니다. 미시간 베이 시티에서 내과 의사로 있는 형제로부터 (편지는 기선 칼레도니아 호에서 받았습니다) 아버지의 건강이 좋지 않고, 체력이 쇠약해지셨다는 편지를 받았습니다. 아버지는 향년 84세이시며, 1819년에 태어났습니다. 아내와 딸들을 이곳에 며칠 동안 남겨두고, 저는 아버지와 형제를 일주일간 방문하려고 합니다. 아버지는 알마 아웃랜드에 계십니다.

9월과 10월에 워싱턴, 필라델피아, 그리고 그 밖의 도시에서 개최되는 회의 초대장을 받았습니다. 저는 모임에 참석하고 싶고, [판독 불가] 사람들의 생각과 마음을 움직이기 위해 제가 할 수 있는 일을 하고 싶습니다. 제게 공식 모임과 연설은 염려스럽긴 하지만, 조금의 떨림도 없습니다. 귀환할 선교사로부터 어떤 이는 그처럼 신속히 많은 것을 [판독 불가] 얻을 것입니다.

우리는 워싱턴 D.C.에시 머물 적딩한 곳을 찾았고, 그곳을 확보하기 위한 편지를 쓰려고 합니다. 이곳에서 수도로 가는 길에 저는 우리 네 식구가 [판독 불가] 본부를 방문할 기회가 있기를 바랍니다.

저는 데이 씨에게 편지를 써서 저의 장부를 정리한 후, 제가 재정적으로 어떤 상황에 있는지 알려 달라고 요청했습니다. 여러모로 다소 힘든 한 해가 되겠지만, 지금까지 저는 필요한 모든 복을 누렸고, 주님은 미래를 책임져 주실 것입니다.

우리 모두의 다정한 안부를 전합니다.

진심을 담아서,
Jas. S. 게일

—추신
현시점에서 관심을 가질 만한 한국에서 온 많은 편지들이 있습니다.

1907년 5월 11일 [몽고메리 M&North Capitol St., 워싱턴 D.C.]

친애하는 브라운 박사님께,

오늘 햄린 부인이 전화를 걸어 당신이 보낸 편지를 그녀와 워싱턴 주일학교교사 연합의장인 W.H.H. 스미스 씨에게 보여달라는 요청을 해왔습니다. 그 일로 인해 당신과 그분들에게 수고를 끼쳐 드려 유감입니다만, 애니와 그녀의 미래에 대한 우리의 바람을 당신께서도 잘 알고 계신 걸 압니다.

애니의 지원서가 제출되었다는 소식을 들은 후, 그 소식을 친절히 알려주었던 햄린 부인을 만났습니다. 그녀와 워싱턴의 다른 부인들은 애니의 지원서에 큰 관심을 보였으며, 특히 필라델피아 여성들의 호의적인 투표가 확실시된 후에는, 깊은 실망을 느꼈습니다. 저는 스미스 씨를 만난 적도 없고, 그 문제에 대해 그와 의논한 적도 없습니다. 그의 편지 또한 제가 전혀 알지 못했던 감사의 표시였습니다. 어제 장로교 선교위원회 의장인 조셉 켈리 박사가 전화를 걸어 그녀가 왜 임명되지 않았느냐고 물었습니다. 응답 대신 당신의 편지를 읽어주었더니, 그는 그것에 관해 [본부]에 편지를 쓰자는 제안을 했습니다. 저는 그렇게 하지 말자고 했고, 그 편지들은 고려할 사항이 되었으며, 저와 제 아내의 제안과는 무관한 것이 되었습니다.

그럼에도 애니의 임명 여부는 제게 큰 관심사였습니다. 저는 그녀가 서울에 있는 상류층 가정에서 그들의 딸들의 교육과 훈련을 증진하는 데 큰 도움이 될 수 있는 사람이라는 것을 깨닫게 되었습니다. [판독 불가] 그녀는 한국 토박이임에도 외국인 선교사가 결코 배운 적이 없는 말도 [판독 불가] 할 줄 압니다. 그녀는 어떤 면에서 어려운 단어에도 익숙합니다. 우리는 그녀와 함께 나가려고 했는데 그녀가 혼자 가려고 하지 않았기 때문입니다. 그녀의 아버지는 집과의 거리에 개의치 않고 일에 헌신했습니다. 그녀가 [판독 불가]을 고려해 볼 수 있도록 (제가 아니라) 헤론 박사는 더윈 씨와 빈튼 씨의 집을 수천 엔에 팔아 마련된 의료 기금으로 과거 정동의 밀러 씨의 집을 마련해 주었습니다. 이 외에도, 그의 의학적 업적과 어의(御醫)로서 영향력은 [판독 불가] 막중합니다. 그녀가 아직 미숙하고 경험이 부족하다는 사실이 전혀 문제가 되지 않는 이유는 그녀가 갖춘 동양적 소양이 이곳 현장의 필요를 충분히 충족시키기 때문입니다. 미숙함과 경험 부족의 문세에 대해 좀 더 변호하기 위해 이글 인급해야겠습니다. 깽림은 일천(日淺)했고, 충분한 교육도 받지 않았던 헤버 존스 박사는 20세에 이곳에 왔지만, 오늘날 그는 경험에 있어서나 동양에 대한 지식에 관해서나 그리고 훌륭한 판단력에 있어서 미국 선교회의 모든 선교사들 가운데 단연코 가장 유능한 사람이라 할 수 있습니다.

물론 애니가 임명된다면 선교부는 어떤 임무도 맡길 수 있을 것입니다. 좀 더 중요한 일도 그녀에게 맡기게 하겠습니다. 그러나 (떠나기 전에 2년 동안 저는 같은 교육 위원회의 의장을 맡았습니다) 저는 여학교가 필요한 도움과 원조에 대해 살펴볼 기회가 있었습니다. 서울에는 도움이 매우 절실히 필요합니다. 만약 도움의 손길이 없다면, 우린 이 도시에서의 큰 영향력을 상실하게 될 것입니다. 전임 외교부 대신의 한 형이 제게 그의 딸에 관해 물으면서, 만약 우리에게 아이들 양육에 시간과 관심을 쏟을 선생님들이 있다면, 아이들을 그들의 학교에 보내지 않았을 것이라 했습니다. 우리에게 선생님이 없었기에 그는 이화(梨花) 감리교 학교에 아이들을 보낼 수 있었습니다. 그 이후에 저는 그가 아이들을 그 학교로 보냈다는 것을 알게 되었습니다. 그는 우리 교회의 신자입니다. 아이들이 감리교 신자가 되었다는 것보다, 아이들을 우리 학교에서 받지 못한 저의 실망감을 아마도 짐작하실 수 있으실 겁니다.

전에도 언급했듯이, 일 외에는 어떠한 자리에도 애니를 추천하지 않을 것입니다. 하지만 그녀의 외모[건강]에서 저는 우리의 문제 이상의 해결책을 보았습니다. 당신이 서울로부터의 요청들에서 확인할 수 있듯이 여학교 문제인데, 수년 동안 제 마음을 짓눌러온 일입니다. 다른 하나는 복귀 가능성이었습니다. 당신이 재정적 어려움에 있는 선교사들과 특히 [판독 불가] 봉급을 받지 못하는 [판독 불가] 선교사들의 어려움에 공감하신다는 것을 알고 있습니다. 이 일과 관련하여 가장 심각한 [문제]는 워싱턴시에 집을 빌려서 국무장관, 제독, 장군, 위원, 신학박사의 가족과 많은 친구의 방문을 어떻게 적절히 [맞이할] 것인가였습니다. (그들을 자주 만나고, 그러한 만남을 선교를 위한 기회로 활용하기 위함) 4인 가족을 부양하고, 방문객을 맞이하도록 옷을 갖춰주며, 삶을 영유할 수 있도록 충분히 먹이는데, 1년에 모두 천 달러가 소요됩니다. 말할 것도 없이, 저는 그것들을 할 수 없었고, 그 부담의 상당 부분은 한 해를 보내기 위해 힘들게 모은 돈을 써야 했던 가여운 아내에게 돌아갔습니다. 제가 이것을 언급하는 것은 재정적 문제가 발생한다는 것을 보여주기 위해서입니다.

애니가 적임자이고 임명될 것을 고려해 보면, 제 아내와 제가 딸 [하나를] 지원할 수 있다는 것과 우리 스스로 비용을 부담해서 [판독 불가] 한국으로 돌아갈 수 있다는 것을 의미합니다. 이것은 당신이 제게 해주실 수 있는 작은 금전적 고려입니다. 애니의 임명은 이 방면에 큰 도움이 될 것입니다. 만약 가능한 다른 방법이 없다면, 제 아내는 그녀의 [판독 불가] 귀환 여비를 [기꺼이] 마련해 주겠다고 말했고, 그녀는 또한 애니를 선교사로서 지지하지 않겠다고 덧붙였습니다. 그리고 선교사는 애니가 갔을 때 우리가 원하는 모습입니다. 재정적 어려움을 숨기고자 하는 제 아내의 자존심과 마음 속 바람이 있음에도, 제가 그녀가 의도하지 않은 인상을 당신에게 준건 아닌지 우려스럽습니다. 제 아내는 그야말로 재정적 문제로 본부에 [판독 불가] 영향을 주고 싶어 하지 않습니다. 솔직히 말해서, 우리는 애니를 데리고 나갈 [판독 불가] 방법이 없습니다. 애니가 선교 활동을 계속하게 해서 선교에 보탬이 되도록 해주시길 바랍니다. 저에게 자금이 있다면 그렇게 되도록 하고 싶지만, 돈이 없으면 불가능한 일이 돼버릴 테지요. [주님]께서는 인도해 주시면서, 저의 이민 행동도 방해되지 않도록 하실 것입니다. 이 일에 대한 주님의 뜻과 계획에 저는 모든 것을 맡겼습니다. 주님의 뜻은 제 계획과 생각보다 앞서 계시며, 애니는 한국에 필요한 일꾼이라고 확신합니다. 그 길을 향해 하나님의 선한 인도하심이 있음을 저는 느꼈습니다. 오늘 아침 저는 맨린 부인의 글과 스미스 씨의 글에서 어떤 추천인도 그들보다 추천의 말을 더 잘하지는 못할 것 같다는 느낌을 받았습니다. 저는 특히 깊은 슬픔을 겪는 와중에서 햄린 부인의 애니에 대한 사랑과 그녀의 글에 깊은 고마움을 느꼈습니다.

제가 무슨 말을 더할 수 있겠습니까? 스미스 씨에게 보낸 당신의 편지에 언급된 집 문제와 관련해서, 헤론 박사가 선교부를 위해 매입한 서울 집 매매에 있어 큰 혼란이 있었습니다. 제 아내가 스위스에서 돌아왔을 때 집을 마련해 줄 것이라 약속했지만, 본부는 집을 마련해 줄 수 없다고 했습니다. 당신과 본부의 배려와는 별개로 제가 직면한 문제가 당신에게 알려지게 되면, 당신은 제가 이 문제를 해결할 수 있도록 최선을 다하시라는 것을 저는 잘 알고 있습니다.

앞으로의 전망과 관련한 당신의 편지에 대한 답신으로, 며칠 전 저는 대통령으로부터 소환되어 한국에서의 대표에 관한 그의 요청에 대답해야 하는 불편한 일을 겪었다고 말할 수 있습니다. 저는 그렇게 된 것이 매우 유감스럽지만, 그래도 빠져나갈 방도가 없네요. 제가 맥팔랜드 위원장과 통화하기 전까지는 대통령과의 면담 계획이 없었습니다. 그 통화에서 저는 맥팔랜드 위원장의 극동지역에 관한 생각을 들었고, -가장 흥미롭게도- 자신을 진실하고, 용기 있는 [판독 불가] 사람으로 여기고 있음을 알게 되는 특권을 누렸습니다.

이제 저는 이미 장문이 된 편지를 마칠까 합니다.

안부 전합니다.

진심을 담아,
Jas. s. 게일

1907년 5월 22일 [몽고메리 Mt. W. Capitol St., 워싱턴 D.C.]

친애하는 브라운 박사께,

우리 딸을 한국에서 일할 수 있도록 임명해 준 당신과 본부의 신뢰에 감사드립니다. 당신의 결정은 하나님의 뜻에 따라 이루어졌고, 사명을 감당하기 위해 그녀가 특별히 선택되었다는 것을 시간이 입증해 주길 바랍니다. 제 딸과 저는 다음 주 뉴욕에서 열리는 회의에 참석할 것입니다.

제 아내는 회복되고 있지만, 미국에서 겪는 두 간은 우리가 이곳에서 경험한 가장 끈질긴 통증 중 하나였습니다. 더 이상 고열은 없기 때문에 매일 외출하고 있고, 우리는 그녀가 여행을 떠날 준비가 되길 바라고 있습니다. 우리가 출발하는 [판독 불가] 그 주에 뉴욕 뵙겠습니다.

안부를 전해 주세요. 당신의 따뜻한 편지에 감사드립니다.

진심을 담아서
Jas. S. 게일

1907년 9월 8일 [서울, 한국]

친애하는 브라운 박사님께,

오늘은 주일이고 우리는 방금 아침 예배를 마쳤습니다. 박사님께서 그걸 봤으면 좋았을 텐데 말이죠. 500명을 위한 좌석이 꽉 들어찬 우리 교회 건물은 일요일마다 1,200명 정도의 신도들로 인해 매우 비좁습니다. 앉을 자리와 예배할 공간을 마련하기 위해 교회의 청년들은 [판독 불가] 판자를 모았고, 천을 샀습니다. 청년들은 그것들을 90피트 60피트 길이의 차양으로 꿰맸습니다. 그 차양 아래에서 우리는 지난 몇 주 동안 모여 예배드렸습니다. 그런데 기대하지 못했던 가을바람이 불기 시작했습니다. 오늘 약 1200명에서 1500명 정도 모인 우리가 첫 찬송을 부르기 시작했을 무렵 무시무시한 돌풍이 불어왔고, 차양 가운데를 찢어버렸습니다. 모인 사람들은 흩어졌는데, 남자들은 낡은 예배당 건물로 흩어져야 했고 여자들은 존 D 웰스 학교로 가야만 했습니다. 노천으로부터 예배당과 학교까지 사람들은 조금 걸어야만 했습니다.

그리고 줄지어 이동하는 성도들의 모습은 [판독 불가] 오늘 제게 특별한 생각을 일깨워 주었습니다. 지난 일요일에는 500달러에 달하는 헌금이 걷혔습니다. 다 합치면 벌써 1,000달러를 모은 셈입니다. 500달러는 교회로 들어갔고, 500달러는 [판독 불가] 수중에 있습니다. 지난 주일과 오늘 헌금액을 합치면, 수중에 있는 모두 1,000달러가 됩니다. 이 모든 사람들이 앉을 만한 [판독 불가] 교회를 짓기 위해서는 적어도 3000달러가 필요합니다. 그 금액은 아무런 교회 장식도 없는 예배당 건축에만 쓰일 돈입니다. 단지 지붕에만 [판독 불가] 입니다. 신자들의 절반 정도가 정기적으로 예배에 참석하는데, 그들은 적은 액수의 헌금을 하는 [편입니다]. 같은 수입의 다른 사람들은 아낌없이 헌금합니다. 제가 이 짧은 편지에 쓴 "유"라는 신자는 현재 새로운 내무부의 차관인데, 그는 적은 급여를 받지만 이미 올해 새 교회를 위해 100달러의 헌금 했습니다. [판독 불가]의 총무인 S.J. 이 씨는 50달러 헌금했는데, [아낌없이] 헌금하는 신자들의 예라고 할 수 있습니다.

모일 장소도 부재한 이런 궁핍 속에서 저는 월요일에 W.B.M. 브라운 씨에게 무엇이 필요한지 말씀드렸고, 선교부가 지난해 그것을 요청했으며 본부가 그것을 통과시켰다는 말을 했습니다. 그가 무엇을 얻을 수 있을지 저는 모릅니다. 오늘 차양이 찢어진 일과 힘없는 사람들에 대해 [판독 불가] 말하고 나니, 기분이 몹시 안 좋습니다. 지금 당장 밭을 잃었음에도 [판독 불가] 궁핍함 속에서도 성도들이 얼마나 아낌없이 헌금했는지 깨닫습니다. 저는 J. 스튜어트 케네디 씨에게 [판독 불가] 편지하면서 1000달러는 큰 도움이 될 것이라고 말했습니다. 만약 어떤 일이 생기면, 당신은 전신환으로 나의 비용을 지급해 주시겠습니까? 저 게일은 1000달러를 보태겠습니다. 제가 전신환을 부탁하는 이유는 이 계절이 끝나가고 있고, 피난처 없는 우리에게 겨울이 찾아올 것이기 때문입니다. 제가 이곳에서 사역을 시작한 이후 이런 일은 처음입니다. 지금 서울에 있는 마펫은 [북쪽의 상황이 아직은 긴급해 보이지 않는다]라고 말합니다. 케네디 씨의 친절을 이용해서 이같은 요청을 그에게만 하는 것만 같습니다. 어쨌든, 저는 그에게 저를 용서해 달라고 부탁할 수 있으며, 이 상황의 절박성으로 인해 그것이 필요하기 때문입니다.

우리는 매우 추악한 정치적 상황에 처해 있습니다. 게릴라전이 전국에서 벌어지고 있습니다. 총격과 불에 타는 소각 사건이 매일 신문에 보도됩니다. 의병(義兵, 정의로운 군대)이 조직되고 있는데, 그들은 일본인을 증오하는 사람들로서 수도 서울에서 모집 해제된 병사들이 대부분입니다. 그들은 군사 전술에 대해 충분히 알고 있고, 이곳의 일본군에 공포의 대상이 되고 있습니다. 저는 의병들이 일본 여자나 아이들을 폭행하지 않고 [판독 불가] 그대로 둔 채, 그들이 마주치는 건장한 남자들만을 쏜다고 들었습니다. 일본군 병사들이 매일 출동하지만 이런 종류의 전투에서는 [판독 불가] 하는 것이 중요합니다. [판독 불가]처럼 그들은 언덕에 가서 숨어있다가, 기회가 오면 먹이를 집어삼킵니다. 며칠 전 의병들은 서울-부산 간 철도를 급습하여 역장과 경비원을 죽이고 두 개의 역을 불태웠습니다. 일본인과 그 구성원을 돕기 위해 있는 서울의 세진회(Se-Chin-Hoi)는 의병들에게 특히 혐오감을 주는 조직입니다. 그들은 짧은 머리를 하고, [판독 불가] 해산한 병사들과 시도미 체한(Si-Do-Mi Chehan?)으로 의병들이 짧은 머리의 행인을 잡았을 때 그가 군인인지 기독교인인지 알 수 없게 됩니다.

그가 군인이라고 말하면 그들은 그를 군인으로 몰아세웁니다. 만약 그가 기독교인이라고 말한다면 그들은 그에게 주기도문과 십계명을 외워보라고 시킵니다. 만약 그가 암송을 성공적으로 한다면, 그들은 기독교인으로 [판독 불가] 인정합니다. 그가 암송에 실패하면, 그들은 "그는 일진회 사람이다. 그를 데리고 나가서 그를 쏴라."라고 말합니다. 이 같은 일은 또한 우리와 일본인들 사이의 분열을 만듭니다. 일본인들은 친구가 되고 싶어 하고, 가능한 한 그들에게 친구가 되는

것이 우리의 의무입니다. 다음 주 화요일에 저의 [판독 불가] 사택에서
있을 모임에서 아내와 [판독 불가]

  편지가 너무 길어져 죄송합니다.

  Jas. S. 게일

1907년 11월 6일 [서울]

친애하는 브라운 박사님께,

우선, 전신환으로 "1000달러"를 보내주신 일에 대해 박사님께 감사드립니다. 그 돈은 때마침 도착했습니다. 우리 교회는 앞으로 3주 안에 완공될 것이고, 1000명에서 1500명의 사람을 수용할 수 있게 될 것입니다. 설교하기에 쉽고, 편안해질 것이며, 무엇보다도 그 건물은 모두 한국인들이 지은 예배당입니다. 한국인 목수들에 의해서 말입니다. 완공되면 예배당 사진을 보내드리겠습니다. 저는 케네디 부인께서 1000달러를 지원해 주셨는지 궁금합니다. 이곳, 한국에서는 주신 도움에 참으로 고마워하며, 감사를 드리고 있습니다. 한국인들은 그들의 역할을 했을 테지만, 그럼에도 더더욱 [판독 불가] 주신 도움은 꼭 필요한 때에 도착한 것입니다. 확답을 기다리겠습니다.

이 편지에서 저는 특별히 커티스 부부에 대해 언급하고 싶습니다. 커티스 부부는 일본 선교부 일원이지만, 한국 선교에 있어 매우 중요한 분들입니다. [판독 불가] 이 부부를 위한 주택 등에 관한 요청이 있음을 아실 겁니다. 그들에게 주택은 1년 더 필요할 것 같습니다. 이 부부가 서울에 머물러야 함을 저는 선교회 대부분을 대표해 말씀드리고자 합니다. 우선, 이곳 서울은 지리적으로 한국의 중심지이기 때문입니다. 여기서는 다른 모든 지역에 쉽게 갈 수 있습니다. 이러한 이유로 인해 일본인 선교의 관점에서 볼 때, 그들은 서울에 머물러야만 합니다. 둘째, 정부 차원에서 고려할 수 있는 공식적 본부가 서울에 있으며, 서울은 정부에게 핵심적 도시이기 때문입니다. 커티스 부부는 일본어를 매우 잘할 뿐만 아니라, 일본인과 관계하는 데 있어 매우 재치 있고, 감각적이기 때문에 우리와 당국 사이의 원만한 관계 유지에 큰 도움이 될 것입니다. 주택 등에 대한 요청은 모두 서울을 기준으로 이뤄집니다. 저는 커티스 부부가 요청한다면, 특별한 배려를 받을 것이라 확신합니다. 지금 이 부부는 군산, 목포, 부산, 그리고 원산(Gensan, 元山)을 방문하고 있습니다. 새해에 즈음하여, 그들은 다시 서울로 돌아올 것이고, 미래를 위해 확실한 계획을 세울 시간을 가질 것입니다.

돌아와 정치 상황을 [판독 불가] 살펴보면서, 저는 당국이 상황을 파악하고 현명하게 대처하기 시작했다고 생각하게 되었습니다. 강원도와 충북, 경상도 일대에서 게릴라전이 벌어지고 있는 가운데 이른바 의병으로 인해 한국인들은 공포에 떨고 있습니다. 일본군은 이곳, 저곳, 그리고 도처에서 분쟁을 진압하려고 노력하고 있지만 반란군들은 [판독 불가] 끔찍한 모습으로 끊임없이 출몰하고 있습니다. 정부군이 마을에서 은신처를 찾을 때면, 그곳 모두를 불태웠기 때문에 시골 사는 한국인들 절반은 [판독 불가] "의병"에, 나머지 절반은 정부 편에 섰습니다. 이러한 상황은 점점 약화될 것이고, 비록 외부 세력에 의해 정부가 운영되더라도 한국인들은 정부의 [요구]와 명령에 기꺼이 따를 것입니다. 우리는 일본 통감 이토를 매우 사교적이고 온순한 성격의 소유자라고 여기는데, 영국에서는 그를 공작이라고 부릅니다. 우리는 지난 일요일에 있었던 국왕의 생일 축하 행사에 초대받았지만, 당일이 주일이었기 때문에 당연히 가지 않았습니다. 며칠 전, 우리는 통감 이토와 바론에서 [메고타의] 통관을 관리하는 고위직 일본인을 만났습니다. [판독 불가]. 그는 약 열 살가량 된 어린 왕세자(한국의 왕세자를 말합니다)에 관한 이야기를 했습니다. 그날은 일본인과 한국인이 좋은 기분으로 함께 섞여 있는 것을 처음 본 날이었는데, 한국 땅에서 언젠가 그들이 서로 우호적으로 만나 반가워하고 번영할 수 있는 미래가 올 수 있다는 희망을 품게 해 주었습니다. 일본인들은 반란군들과 싸운 적이 있고, 지난여름에는 큰 소동이 있었기 때문에, 한국인에 대한 처우에 있어 하층 일본인들의 태도에는 현저한 차이가 있었습니다. 저는 [20명의 사람이] 거리에서 발로 차거나 때리는 것을 보아왔는데, 한국인들은 비록 그들이 [판독 불가]임에도 불구하고, 그냥 지나쳐 가는 것처럼 보였습니다.

1년 반 전 제가 떠난 이후, 교육이 가져온 발전에 큰 관심을 가져왔습니다. 황제(새 황제)가 선조의 종묘로 향하던 날, 거리는 깃발을 든 소년과 소녀들로 가득했습니다. 그들은 거의 모두 사립학교가 아닌, 공립학교의 학생들이었습니다. 이들 공립 학교들은 현재 교육에 관심을 돌리고 있는 부유한 예전 관리들에 의해 설립된 것들입니다. 학교에 많은 여학생을 볼 수 있다는 것은 이 나라에 대한 희망을 품게 합니다. 저는 그 학교들이 모두 기독교 학교였으면 좋겠습니다.

이와 관련하여, 제시(Jess)가 황귀비 엄(嚴) 씨의 학교[5]에서 가르쳐 달라는 요청을 받았다는 소식을 전하고자 합니다. 그곳에는 약 40명의 어린 소녀 학생들이 있고, 제시는 그 일을 매우 좋아합니다. 그곳은 한국의 기독교 여성이 직접 맡고 있고, 매일 기도와 노래로 문을 엽니다. 황태자의 어머니인 황귀비 엄씨는 이 나라에서 큰 영향력을

---

5 황귀비 엄씨로 추정된다. 시호는 순헌이다. 후에 엄씨는 숙명여대의 전신인 숙명여학교와 관련되게 된다.(역자 주)

가지고 있고, 그녀의 특별한 학교가 기독교의 후원 아래 있다는 것은 많은 것을 말해 준다고 할 수 있습니다. 한국인들에게 근 영향력이 있는 M.F. 스크랜턴 씨가 실제로 이 일을 성사시켰습니다. 제시는 그 일을 잠시 맡았을 뿐이지만, 그녀는 그 일을 매우 좋아합니다. 애니도 연못골에 있는 여학교에서 만족해 하며 일하고 있습니다.

한국에 유입되는 소설의 영향력과 저질의 책이 일본에서 한국으로 유입될 가능성을 인지하게 되면서 저는 관심과 함께 불안감을 느끼고 있습니다. [판독 불가] 어쩌면, 저는 [판독 불가] 몇 년 전만 해도 기독교인이라고 여겨지는 것에 대해 창피해했을 것입니다. - 황성신문('제국도시')은 매일 발간되는 이곳의 주요 신문인데, 몽조(Dream tide-가공의 제목)라는 소설을 신문 일 면에 게재하고 있습니다. 그 소설의 주요 인물들 가운데 한 명은 이곳에서 부인권서(Bible woman)라 불리는 여성으로 복음을 전하는 일을 합니다. 그녀의 설교는 아담 비드(Adam bede)에 등장하는 [다이나(Dinah)][6]만큼이나 훌륭하며, 우리들로 하여금 신문을 기대하며 신문의 일 면을 주목하도록 하는데, 이것은 기독교가 일궈낸 큰 평화를 뜻합니다. 얼마 전 저는 우리 교회의 세례 지원자이며, 서울의 주요한 [판독 불가]로부터 연락을 받았는데, 소설이 출판되었는지 아니면 출판 예정인지에 대한 문의였습니다.

그는 현재 인쇄 중에 있는 "짐승 회의"이라고 불리는 소설을 저에게 가져왔습니다. 그 소설은 연못골의 한 사람에 의해 쓰여진 것입니다. 책의 주요 내용은 기독교와 관련된 것인데, 경험이 풍부한 매서(賣書)인 추(Chu) 씨가 그 책은 괜찮은 편이며 반드시 팔릴 것이라고

---

6 엘리엇의 첫 번째 장편소설 아담 비드에는 감리교 설교사 다이나가 등장한다. 전사본의 필사 판독은 부정확한 것으로 보인다.(역자 주)

말했습니다. 제국신문에도 기독교 [판독 불가]이 있는데, 거기서의 주요한 [판독 불가]은 그의 치명적인 원수를 용서하고, 그에게 복음을 전하는 내용이었습니다. 이것들이 바로 한국 땅의 하나님 징표인 것입니다.

[테르나나] 씨가 여기 오셔서 미래의 필요에 맞게 우리 모두를 빛내주셨습니다. 만약 그분 혹은 그와 같이 부유한 사람들이 필요한 것들을 제공해 준다면, 하나님의 사역은 이곳과 중국에서 추진될 수 있습니다. 우리는 그의 방문 내내 기뻤습니다.

빈튼 박사의 사안은 선임된 위원회에서 아직 논의되지 않았습니다. [판독 불가]. 저는 하나님께서 빈튼 박사와 [판독 불가], 그리고 [판독 불가] 씨의 길을 인도할 것이라 믿습니다. 그의 특별한 [판독 불가]에 따라, 그는 성실하게 일해왔습니다.

그의 집에 [판독 불가] 가까이 간 후에 저는 베이커 양 등에 대한 저의 의문이나 의심이 사라졌다고 확신을 두고 말할 수 있습니다. 제 아내는 메이블 시트의 [판독 불가]과 그들에게 저의 [판독 불가]을 가져다 줄 필요성에 대해 의견을 같이하고 있습니다. 곧 위원회에 보고하려고 합니다.

장문의 편지를 용서해 주시기 바랍니다.

[판독 불가] 우리 모두의 안부를 전해 주십시오.

[판독 불가] 브라운 부인과 당신의 가족들께

진심을 담아서,

Jas. S. 게일

1908년 2월 3일 [서울, 한국]

친애하는 브라운 박사님께,

제가 매월 보내는 편지를 쓸 차례가 되었습니다. 우선 이 집 문제는 모두 원안대로 되어서 전보나 어떤 특별한 조치가 필요하지 않다고 말씀드리고 싶습니다. 제가 이전에 살던 집에 반을 우리가 더 지을 것이고, 발생했던 모든 오해는 풀릴 것이라고 믿습니다. 우리가 지금 살고 있는 F.S. 밀러 씨의 옛집을 계속해서 보유하려고 한 것은 제가 아니라 서울지부였습니다. 나가는 길에, 요코하마에 있는 빈튼 박사로부터 편지를 받았는데 우리가 우리 자신의 바람을 포기하고 더 매력적인 곳을 떠나 여기서 살 의향이 있는지 물어보더군요. 클락 씨는 지부 재산 위원회 총무로서, 제게 같은 요청을 하며 서재를 추가할 수 있다고 전하는 서신을 가지고 있었습니다. 그것이 이 문제가 먼저 생기게 된 첫 번째 경위입니다. 한동안 이곳에 살면서 제 아내는 어떤 변화가 있더라도 잘 될 것이라 여기면서 이것을 제안했습니다. 만약 당신이 이 집에 관한 계획을 아신다면, 시골에서 일하며 한 명의 일꾼만을 둔 사람에게 작은 서재는 적당하다고 여기실 것입니다. 저와 함께 일하는 한국인은 5명인데, 한 명은 교회 신문(예수교신보) 편집자의 조수로 일하고 있고, 다른 한 사람은 『한영ᄌ뎐』 검토를 돕고 있습니다. 한 명은 번역가이고, 다른 한 명은 교회의 일꾼인 셈입니다. 그래서 이 작은 방에 서너 명이 계속 일하게 되면, [판독 불가] 어떤 경우에는 제가 일을 할 수 없게 됩니다. 따라서 제가 만약 그 장소를 유지하려면 지부 재산 위원회가 제안한 증축을 해야 한다고 말했던 것입니다. 하지만 이제 매우 만족스럽게도, 우리는 원래의 계획에 따라 앞쪽에 작은 집을 추가적으로 짓게 됩니다.

바쁜 달에는 여러 일이 있는데, 래드 교수의 인터뷰 보고서가 도착했습니다. 그가 책에 관여하게 된 것은 매우 유감스러운 일이지만, 이 보고서가 입증하는 것은 그의 견해가 명백히 편파적이라는 점입니다. 일본 왕실 장식이 있는 선물과 갈채 그리고 이와 같은 모든 압박을 견뎌내고 자신의 관점을 잃지 않으며 그의 명성에 오명을 남기는 것조차 감내할 수 있다면 그는 인간이 아닐 것입니다. "교회 정책"과 "생리심리학"에 대해 논할 때, 그의 생각은 분명히 균형을 이루고 있었지만, 극동의 이곳에 관한 골치 아픈 사안들에 대해 언급하면서 그는 균형 잡힌 견해를 견지하지 못했습니다. 만약 그가 균형 있게 논의했다면, 본부는 (말하자면) 많은 "어리석고" 무능력한 사람들을 보냈다는 확신에 반발할 것입니다. 따라서 본부는 실수를 인정하거나 만약 [재연]이 필요한 경우, 그들의 입장을 견지해야 할 것이다.

확신컨대, 그의 견해는 이토 통감의 견해가 아니며, 유감스럽게도 [적절한 통치]나 원만한 관계를 가져 올 어떤 기대도 아닙니다. 이토 통감은 현명하고 관대하며 멀리 내다보는 사람입니다. 그리고 우리 선교사들은 그가 우리의 친한 친구라고 확신합니다. 저는 이토에게 우회적인 방법으로 기독교의 진리를 가르침으로써, 이곳 사람들에게 영구한 평화와 번영을 가져다주는 통감이 되도록 노력하고 있으며, 그가 장차 저뿐만 아니라, 다른 사람들을 대변하게 되리라 확신합니다.

래드 교수와 헐버트 씨의 견해는 모두 극단적이고 동시에, 동양의 최선의 이익에 해가 됩니다. 헐버트는 전 일왕과의 개인적인 인연이 있고, 그로부터 호의를 받고 있는데 이로 인해 현 상황에 대한 명확한 이해력을 잃었고, 심지어 일본과 러시아 사이에 전쟁을 일으켜서 나라의 독립을 잃게 만든 자를 칭찬하고 칭송했습니다. 그의 맹신, 이기적인 두려움 그리고 잔인함을 모든 한국인들은 알고 비난하고 있습니다. 그를 지지하는 것은 한국의 대의에 배치하는 행위입니다. 한편, 래드 교수는 그의 극단적인 견해로 똑같은 피해를 입힐 것입니다.

예를 들어, YMCA에 관한 그의 세가지 진술은 부정확합니다. 그는 YMCA가 "자신들의 직원들"에 의해 심하게 속고 있다고 말합니다. 돈은 헐버트와 질레트가 고용한 소년이 개인적으로 훔친 것입니다. (당시 저는 회장이었기 때문에 잘 알고 있습니다) YMCA 이사들은 그와 아무런 관련이 없습니다. 범행이 발각되고 착복된 돈은 YMCA의 김충식(Kim Chung-sik) 사무처장에 의해 회수되었습니다. YMCA가 고용한 유일한 현지 직원인 김 씨는 도쿄에 있는 한국 학생들 가운데 유일한 기독교인이라는 사실은 저는 덧붙이고 싶군요.

래드 교수는 또한 YMCA가 나라 전역에서 "지부 협회 조직을 중단했어야 했다."라고 말합니다. YMCA는 어떤 지부 조직도 만들려고 하지 않았고, 어떠한 지부 조직도 가지고 있지 않았습니다. 불신자들의 정치적 모임이 "청년 기독교 협회(YMCA)"라는 이름을 사용할 수 없도록 해달라는 요청이 있었습니다. 정부는 그 요청이 옳다고 보고 그 요청을 승인했습니다. 그들은 YMCA와 아무런 관련이 없을 뿐만 아니라, 불법적인 협회가 YMCA라는 좋은 이름을 사용해서는 안 된다고 한 것은 YMCA에 대한 어떠한 숙고에 의한 것도 아닙니다.

그가 여기 있을 때 열린 회의에 대한 세 번째 추측 역시 마찬가지로 틀렸습니다. 하지만 대응하는 것이 좋은 방법은 아닙니다.

그에게 그들은 (저는 거의 20년 동안 본 적이 없습니다) 희망이 없고,

117

모든 미덕이 결여된 무리일 뿐입니다. 네 명의 훌륭한 기독교 선교사들이 이교도의 땅에 떨어진 것입니다.

그러나 이 문제에 있어 제 경험이 그의 경험에 비해 더 풍부합니다. 저는 회원 한 사람당 기부하는 비율이 그 자신의 교단보다 더 크고, 확실히 작정한 신도에 있어서는 그들이 뉴잉글랜드 회중 교회보다 훨씬 더 큰 비중이라는 것을 보일 수 있습니다.

만약 그의 책 인터뷰가 그의 공격적 노선을 맞춰져 있다면, 그것은 이토 통감과 이곳 상황에 헤아릴 수 없는 해악을 끼칠 것입니다. 접견을 통해 저는 이토 통감과 의견을 나눴습니다. 그의 자신감에 찬 말을 들은 후, 그가 서울신문과 다른 주요 일본 주요 언론인이었던 주모토(Zumoto) 씨가 했던 것처럼 이러한 종류의 것을 강하게 요청할 것이라고 확신합니다.

한국의 자존심은 상처받았습니다. 그것은 좋은 정부의 문제도 아니고 동양인들에게 죽음과도 같은 체면 손상의 문제도 아닙니다. 이토 통감이 하는 것처럼 부드럽게 나아가면서 체면을 지키게 해주면 모든 상처가 아물겠지만 한쪽엔 헐버트, 그리고 다른 한쪽엔 래드, 양쪽의 이 건장한 자들은 한국인의 상처를 얼마든지 벌릴 것입니다.

지난밤 수백 명이 참석한 우리 (연못골) 예배에서 저는 기도 시간을 갖자고 했고 성도들 가운데 두, 세 명이 앞장섰습니다. 먼저 한국말의 목소리가 [판독 불가] 들리고 이어서 또 다른 목소리가 들렸습니다. 그리고 그가 마치자 뒤에서 또 다른 목소리가 들렸는데, 듣고 보니 그것은 한국말이 아니라 일본말이었습니다. 예수라는 이름 외에는 그의 말을 알아들을 수 없었습니다. 모임이 끝날 때 한 장로가 "방금 한 일본인이 기도했습니다."라고 말했습니다. 저는 "네, 그를 여기로 데려오세요. [판독 불가] 우리가 그를 만납시다."라고 말했습니다. 잠시 후, 장로는 그곳에 작은 일본인을 서게 했고, 그를 에워싼 한국인을 그를 정중하게 대하였습니다. 그들은 모두 예수 안에서 손을 잡았습니다. 이것이야 말로 진정한 연합을 가져올 수 있는 유일한 방법인 것입니다. 하나님의 때가 속히 임하기를 기도합니다.

지난 한 달은 희망적인 보고와 진전이 있었습니다. 지난번 지부 회의에서, 우리는 다른 부서와 분과로부터 그 일을 들었습니다. 웜볼드 양은 아마도 여성들 사이에서 가장 체계적이고 독립적인 일꾼일 뿐만 아니라 최고의 기자일 것입니다. 그녀는 항상 주의 깊고, 흥미로운 보고서를 작성합니다. 그녀는 현지인의 옷을 입고 사람들 사이를 그들처럼 다닙니다. 그녀는 사문안(Sa-Mun-An)과 직접적으로 관련이 있지만, 필요에 따라 모든 지역을 돌아다닙니다. 최근에는 연못골 교회와 연결되고, 도시에서 10리 떨어진 큰 마을 닥섬에 나와 있습니다. 클라크 씨는 서울 남부 감리교도들로부터 각각 넘겨받은 새로운 지역과 더 나아가 한반도의 반대편에 있는 지역에 대해 보고했습니다. 이 지역에는 약 50만 명의 사람들이 살고 있고, 단지 80명의 성도만이 세례를 받은 것으로 추정됩니다. 그는 그가 찾은 기독교인들이 [파란] 위스키의 종류를 판다는 사실을 발견하고는 그것에 관해 기술했는데, 그의 설명은 래드 교수의 정확성을 입증하는 데 크게 도움이 될 것입니다. 래드 교수는 장로교도를 그다지 존중하지 않지만, 감리교도는 존중하는 사람입니다.

클라크 씨는 각 장소에서 한나절 밖에 있지 않았는데, 한국에서의 한나절은 사람들에 대한 거의 모든 진실을 알기에 충분했습니다. 그는 나중에 더 긴 방문을 희망했는데, 이 지역에 대한 더 희망적인 전망을 줄 것이라고 저는 믿습니다. 래드 교수의 편지가 도착하기 전까지 에이비슨 박사는 희망과 기쁨으로 가득 차 있을 것입니다. 지난주 병원에서 직산 금광 소유주 가운데 한 명인 테일러 씨는 자신의 방황하는 마음을 주님께 드리면서, 형용할 수 없는 평화와 기쁨을 경험했습니다. 테일러 씨는 부유하고 영향력 있는 사람이며, 아마 많은 돈을 벌었을 것입니다. 극동의 이곳 해안에서는 도처로부터 떠밀려 온 부유물들과 쓰레기들을 볼 수 있습니다. 이제 그는 닻을 내렸고 우리는 하나님에 의해 크게 사용될 것이라고 믿습니다. 이것은 병원의 영적인 분위기를 말해주며, 그곳에 있다는 것이 얼마나 큰 축복인지를 어떤 다른 상세한 설명보다 당신에게 더 잘 말해줍니다.

밀러 씨와 애니는 여학교가 평상시대로 운영되고 있다고 말합니다. 학교현장에서 가장 우선으로 필요한 것 중 하나는 학교를 위해 일할 여성일 것입니다. 밀러 부인이 떠날 때, 그녀의 경험은 풍부해야 했고, 새로운 환경에 적응할 수 있도록 성격과 기질이 충분히 유순해야 했습니다. 사실, 우리 여학교는 남학교처럼 매우 가난해서 잘 운영되기는 어렵습니다. 길 건너편에는 학비가 들지 않고 아무 문제 없이 운영되기에 충분한 예산을 갖춘 관립학교가 있는데, 한 달에 3엔의 수업료를(한국에서는 꽤 큰돈입니다) 받는 우리 학교는 종종 굶주리고, [추위에 떨고 있고] 예산이 부족한 상태입니다. 한편, 선생님들은 반일제로 가르치며, 지출을 줄이려고 안간힘을 씁니다. 우리는 한국인들이 점점 더 많은 일을 하기를 기대해야 하지만, 관립학교들은 규모 면에서 당연히 새로운 신자들이 필요한 모든 것을 기대 이상으로 제공합니다. 이러한 관립학교들은 우리의 일을 [판독 불가] 다른 무엇보다 더 어렵게 만듭니다.

남자 중등학교는 지금까지 잘 운영되고 있지만, 4월, 5월, 6월 동안 평양에서 열리는 신학 수업을 듣기 위해 이곳에서 가르치던 평양 최장로가 우리를 떠날 위험에 처해있었습니다. 그를 붙잡고 학교를 계속 운영시키기 위해, 클라크, 밀러, 피터스, 그리고 저는 그가 여기서 2학년을 보낼 수 있도록 하는 것에 합의했습니다. 우리는 이미 그에 대해 낙담하고 있습니다. 이 추가 작업은 부담이 되겠지만, 우리가 이 학교에 대해 진심을 다하고 있음을 당신에게 보여줄 계기가 될 것입니다. 올해 들어 [판독 불가] 지금까지 우리 중학교는 서울에서 교육기관으로서의 입지가 없습니다. 세브란스 씨가 이곳의 우리에게 훌륭한 선물로 주었고 그의 모든 설득력 있는 영향력을 발휘해서 우리가 필요로 하는 도움을 계속할 받도록 해주었으며, 받게 될 그 자금은 위로가 될 것입니다. 우리는 항상 도움이 있어야 함을 알지만, 그의 자금이 부족할 때 그리고 예산을 넘어서는 것에 관한 해명을 충분히 하지 못합니다. 그는 이전에 내각에 있던 이상자(Yi Sang-ja) 씨에게 한 달에 80엔을 주었고, 그는 중국, 역사, 지리 등을 가르치기로 되어 있었습니다. 그는 유명한 한국인으로서 과거 혁명 시대에 잠재적인 혐의가로 간유살이를 했습니다. 그는 YMCA의 설립식에서 이도 통감과 왕세자 앞에서 나서 한국을 위한 연설을 해달라는 요청을 받은 적이 있습니다. 이토 통감은 나중에 제게 그가 무슨 말을 했는지 물었습니다. 그가 중학교에 오기 전에 김 [두행](Kim To-heir?)이라는 겸손한 사람이 한문을 가르쳤습니다. 그는 이상자 씨의 도착과 동시에 해임될 예정이었지만, 이상자 같은 한국인은 그의 봉급에서 15엔을 떼서 김 씨에게 주었습니다. 비록 이 씨의 봉급을 줄이지 않았지만, 학교에서 김 씨는 이 씨에게 봉급을 받았습니다. 이 때문에 이 씨는 한 달에 65엔밖에 못 받습니다. 관직에 있을 때보다 훨씬 적은 금액이지만, 그는 제 편에 서서 그의 명성을 학교에 주었고, 저는 그를 내보내지 않았습니다.

지난달 저는 다음 회의에서 이승만 씨가 미국에서 돌아오면, 그의 역할 확보에 대한 동의를 구한다는 요청을 지부에 했습니다. 당신이 그를 만났다고 확신합니다. 작년에 그는 조지 워싱턴 대학을 졸업했고, 올해는 하버드 대학에서 대학원 과정을 밟고 있습니다. 그는 워싱턴 D.C. 언약 교회의 신자였습니다. 그는 오랜 세월 동안 충실한 기독교인이었고, 정치적 혐의로 감옥에 있는 동안 그의 영향으로 인해 이상자가 개종하였고, 나는 유 씨에게 소책자 성경을 써주었습니다. 그러나 그는 여기에 있는 감리교 신자들을 불쾌하게 할까 봐 세례를 받지 않았는데, 감리교 신자들은 세력 확장을 위해 그를 몹시 원했고, 그에게 어떤 권리를 주장하기도 했습니다. 그는 떠나기 전에 저에게 우리 교회에 입교하기 원한다고 말했고, 햄린 박사에게 세례를 받았습니다. 우리는 그가 돌아오기를 원하고 있습니다. 미국에 가서 기독교인이 된 대부분의 사람들은 좋지 않습니다. 저는 그들이 거의 좋지 않다고 말해야 하겠습니다. 그 이유는 그들이 이곳에서 겪음직한 어떤 난관이나 저항 없이 기독교인이 되었기 때문인 것 같습니다. 결과적으로 그들은 힘든 난관에 맞서지 못하는 힘없는 기독교인들입니다. 이곳의 사람들과 달리 영적 싸움과 분리된 채 온실에서 자라고 성장한 의지가 약한 기독교인들은 곧 그들의 원래의 자리로 돌아가게 됩니다. 저는 미국 본토에서 세례받은 스무 명의 이름을 말할 수 있습니다. 하지만 이곳에서 그 사람들의 이름은 듣지 못했고, 그들은 사실 득보다 해를 더 끼쳤습니다. 이승만 씨는 그런 부류의 사람이 아니니 나중에 그에 관해 쓰겠습니다. 저는 지난달 지부에서 중학교를 위해 그의 이름을 사용하려고 한다고 통보했습니다. 그리고 아마도 다음 달 회의에서 통과된다면, 나중에 우리 대학에서 그의 이름을 사용하게 될 것입니다. 그래서 지금까지는 그에 관해 가능한 모든 것을 물어보고 알아낼 기회가 있습니다. 저는 현재 남자 중학교의 중요성 때문에 이 모든 것을 쓰고 있는 것입니다.

이 씨의 주소는 분명히 메시추세츠주 케임브리지 서머 로드 12번지입니다. 최근 "정의로운 부대"로 번역되는 의병(義兵)에 의해 전도 활동이 방해받고 있습니다. 의병들은 애국자로 자처하던 것에서 도둑과 강도의 소굴로 전락했습니다. 매일 아침 그들과 일본인들 사이에 있었던 전투에 관한 이야기가 들려옵니다. 서울 중심로를 따라 말을 타고 오면서, 저는 체포 된 채 손목이 묶인 채로 도시로 끌려오는 의병들을 보았습니다. 그들은 아무 목적도 없이 목숨을 던진 가난하고 가련한 사람들이었습니다. 이 일은 의심할 여지 없이, 일본인으로부터 의병을 보호하고자 하는 많은 사람들을 교회로 끌어들였습니다.

그러나 도시의 상황은 거의 평범합니다. 그 때문에 그러한 많은 무지한 무리가 왔을 때에 비해 더욱 사역에 매진하고 있습니다. 새 예배당의 남자 쪽은 매주 주일마다 꽉 들어찹니다. 어제는 여자 쪽도 3분이 2가량 찼습니다. 주일에 우리는 첫 번째로 파송된 한국인 선교사의 설교를 들었습니다. 그는 퀼파트 섬[7]에 가게 됩니다. 그는 평범한 시골 사람이고, 퀼파트 도시 군중들 앞에 서서 설교하는 것이 그의 사역입니다. 그는 마태복음 11장 6절의 말씀인 "나에게 걸려 넘어지지 않는 사람은 복이 있다."라는 말씀을 인용하여, "예수를 쫓아내지 않는 사람은 복이 있습니다."라고 설교하였습니다. 그는 너무나 진실한 호소를 했기 때문에 모든 사람들의 마음을 사로잡았습니다. 선교사 이기풍, 하나님께서 그의 앞에 열리는 새로운 세상에서 그에게 복 주시길 기도합니다.

---

7 현재의 제주도. 퀼파트의 유래는 네덜란드에서 나왔음. 1653년 제주도에 표착해 한국에서 13년간 억류 생활을 하다가 1666년 탈출한 헨드릭 하멜(Hendrik Hamel)은 그의 표류기행문에서 제주도를 퀠파트(Quelpaert)라고 표현했음.(역자 주)

그렇습니다. 우리는 훌륭한 일꾼을 데리고 있었습니다.

어제 우리는 뜻깊은 예배를 드렸습니다. 수년 동안 미혹하는 영에 사로잡혀 있다가, 기도를 통해 평안과 안식을 되찾은 한 청년이 제 앞에 앉아 있었습니다. 몇 년 동안 모든 [판독 불가]를 견딘 잘생긴 그의 남동생도 지난 몇 주 동안 결실을 보았고, 지금은 한 주간 낚시하러 떠나 있습니다. 예배를 마칠 무렵 우리는 매달 주일에 일꾼들을 위한 헌금을 하기로 작정하였습니다. 요리하는 일꾼에게 15달러를 주는데, 작정 헌금을 약속한 분이 정기적으로 42달러 12센트를 헌금하면, 두 일꾼의 급료로는 충분할 것입니다. 그들은 6개월 동안 4600(엔) (2300 달러)을 헌금했고, 기꺼이 지속해서 헌금할 것입니다. 우린 일꾼들과 두 명의 여성 직원 그리고 세 명의 학교 선생님들께 급료를 주지는 못했고, 운영 경비를 포함해 모두 교회에서 지급했습니다. 7명의 일본인 친구들과 안수받은 성도 그리고 그 외의 성도들이 방문했을 때, 제가 우리 연못골 교회 사람들이 교회를 위해 4600엔을 모았고 주일 헌금 20엔 이상을 차지했다고 설명했습니다. 그들은 놀라움을 금치 못했는데, 그들은 자기네 땅에서는 그런 일이 일어나지 않았기 때문이었습니다.

우리는 리브(Reve)에서 최고의 대장 중 한 명을 잃었습니다. 전주 남부 선교회 소속, W. M. 정킨이 바로 그입니다. 그는 크리스마스 즈음에 폐렴으로 우리를 떠났습니다. 그는 1892년에 레이놀즈, 테이트 그리고 D. 드류와 함께 이곳에 왔습니다. 정킨은 친절하고 상냥하면서도 밝은 사람이었습니다. 그는 조선인을 잘 이해하고 이 동양 세계의 모든 부조리를 보면서도 동양을 진심으로 사랑했습니다. 그는 간절히 기도하는 기독교인 중 한 명이었고, 즐거운 동반자였으며, 가장 도움이 되는 친구였습니다. 우리는 정킨 부인과 그의 자녀들을 위해 기도합니다.

지난 10년간 저와 번역을 함께 해온 W.D. 레이놀즈 씨는 이제 정킨 씨의 빈자리를 대신하기 위해 서울을 떠나 남쪽으로 갑니다. 그가 올해 이곳 수도 서울에 머무는 동안 우리에게 큰 도움이 되었습니다. 그의 집은 이전에 우리 선교부 건물이었기 때문에, 우리에게 귀속되어야 합니다. 저는 본부가 이것에 동의할 것이고 만약 의문점이 있다면 세브란스 씨에게 이 사안에 관해 물을 것이라 확신합니다.

우리는 언더우드 박사가 돌아오기를 간절히 바라고 있습니다.

사람들은 선교현장에서 번역일과 저술하는 일을 거의 주목하지 않는데, 소수의 사람만이 그 일의 중요성을 압니다. 현장의 사람들은 완성된 결과물을 보고, 감사를 표할 뿐입니다. 사람은 자신 스스로가 그 일을 해 본 경험이 있을 때만, 그 일이 매우 중요한 것임을 알게 됩니다. 민약 인 민토 겡힘애 보지 잃있다면 그깃의 가치를 모르게 되지요. 번역일에 있어서 언더우드 박사와 레이놀즈 씨, 그리고 저만이 그 일의 중요성을 제대로 알고 있을 것입니다. 우리는 아직 『한영ㅈ뎐』 제2판을 완성하지 못했습니다. 수천 개의 단어가 추가되었고, 프랑스 신부들에 의해 발명된 단어 순서 체계를 수정하였습니다. 우리는 제1판에서 한국어 순서에 따라 우선 K를 넣고, 그다음 N을, 그리고 T를 넣었습니다. 이 책은 한국인들에게 더 큰 가치가 있는 책이 될 것입니다. 4만 개의 단어를 분류하고 나눠서 어간과 자간 사이에 반복적으로 끼워 넣는 일을 하는 저를 보고 어떤 동료들은 "소풍이 따로 없구먼!"이라고 생각했을 텐데, 결코 맛을 알지 못하는 사람들에 의해 평가된 맛에 관한 책을, 우리는 쓰고 있는 것입니다. 제 아내가 중병에 걸렸다는 내용의 선교 편지를 일본으로 보냈습니다.

제 아내의 병환이 위중합니다. 회복되지 못하는 것은 아닐까 우려스러울 만큼 오래도록 지속되는 그녀의 병환에 관해서도 당신께 곧 편지하겠습니다.

애니가 당신에게 안부를 전하네요.

장황한 장문의 편지가 되었군요.

진심을 담아서,

Jas. S. 게일

ー추신

이 편지의 송부가 늦어져서 방금 저에게 도착한 편지의 사본을 첨부합니다. 그 편지는 정치와 종교에 관한 내용이 뒤섞여 있습니다.

1908년 2월 8일 [서울][8]

J.S. 게일 박사님께,

한반도에서 당신의 종교와 한국 역사의 종말이 임박했음을 알려드리게 되어 영광입니다. 박사님도 아시다시피 저는 제 몸이자 생명인 조국을 위해 일하고 있습니다. 그래서 동서남북을 오가며, 자신의 몸과 생의 책임에 대해 아무것도 모르는 많은 생명을 죽였지만, 기독교인들은 매우 극진히 보살폈습니다. 일본인들이 왜 어리석은 기독교인들 가운데 평화주의자들을 선택했는지 잘 알고 계실 것입니다!!! 그리고 어째서 당신 같은 사람이 정치에 간섭하도록 놔두었는지, 그것은 가장 곤혹스러운 질문입니다!! 한국에서 당신의 종교를 믿는 사람들과 무고한 한국인들의 생명이 영원히 끝나가고 있다는 것이 핵심이라 저는 말할 수 있습니다.

어리석은 평화주의자가 되든 말든 나와 내 조국은 죽임을 당하고 파괴되어야 합니다. 그리고 내가 해야 할 일은 모든 기독교인을 죽이고 (당신 먼저) 당신들의 모든 집안에 불을 지르는 것 (당신의 집 먼저)입니다. 지금부터 열흘 안에 당신의 사람 [판독 불가] 최 씨를 불러들이지 않는다면 말입니다.

---

8 이 편지 앞부분의 내용은 게일이 어떤 애국 지도자에게 받은 편지로 2월 8일 브라운에게 보낸 편지에 동봉된 사본이다.(역자 주)

내가 아무 통보도 없이 며칠 후에 [위에] 말한 대로 한다면, 당신이 나의 이름을 밀고할까 우려스럽고, 열흘 안에 당신의 사람을 부르는 일과 당신의 생명과 모든 것을 잃는 것 중 어떤 것이 더 하기 어려운 일인지 생각하길 바랍니다.

주어진 기간은 1908년 2월 18일까지입니다.
진심입니다. 애국 지도자

감리교도들이 한 행위에 대한 내 대답은 이것입니다. 어쨌든 나는 어떤 애국 지도자로부터 최 목사(감리교 회장)가 의평에 대항하여 공식적인 평화주의자의 자격으로 나라에 간 것에 대한 책임을 물으라는 요청을 받았습니다. 나는 그가 출발했는지 알지 못합니다. 그것은 결국 정치 상황이 결국 얼마나 치열한지에 대해 당신에게 어떤 인식을 줄 것입니다.

장문의 편지를 용서해 주십시오.

J.S. 게일.

1908년 2월 19일 [서울, 한국]

친애하는 주일학교 학생들과 선생님들께,

하루가 얼마나 빨리 지나가는지. 아직 겨울임에도 지금 동문 위로 아침 해가 떠오릅니다. 크리스마스 때에는 해가 동문 남쪽 저 멀리에서 떠올랐었죠. 해는 매일 더 높은 곳에서 이동하니, 곧 봄이 올 것입니다. 언덕 대부분은, 소나무가 자라는 곳을 제외하고는 갈색으로 덮였습니다. 소나무는 항상 푸르고 보기 좋습니다. 소나무는 마치 우리 고 장로님 모습을 닮았습니다. 무슨 일이 있어도 그는 항상 따뜻하고 밝습니다. 교회학교 선생님과 일꾼들에게 준 돈이 교회에 필요할 때면, 그는 항상 웃으며 "다 채워질 거예요."라고 말하는데, 그의 말처럼 언제나 채워집니다. 그는 겨울이면 따뜻하고, 여름이면 시원한 분입니다. 마치 소나무처럼 말이죠. 사람들은 소나무처럼 "변치 않는" 기독교인을 기대합니다. 계절의 변화 속에서도 일 년 내내 변치 않고, 항상 희망적이고 늘 찬송하는 기독교인 말입니다. 마치 소나무처럼요. 여러분은 소나무가 그처럼 달콤하고 부드럽게 찬송하는 것을 들어본 적이 있나요? 다음번에 소나무를 지나면서 한번 들어보시길 바랍니다. 내가 편지를 쓰는 창문 바로 앞 산비탈에서 소나무들은 우리에게 기운을 내고, 희망을 품으며, 기뻐하라고 말하고 있습니다. "우리들은 하나님의 소나무입니다. 우리는 정말 행복합니다."

제가 사는 곳 길 건너편에는 백 명이 넘는 학생들이 있는 학교가 있습니다. 학생들은 모자를 쓰지 않은 채 밖에서 놀고 그들의 겉옷은 빨강, 파랑, 분홍색, 보라색, 주황색, 노랑, 흰색, 그리고 검은색이 들어간 색동옷입니다. 저는 우리 집이 있는 언덕에서 그들을 내려다 보고 있습니다. 그들의 모습은 마치 무리 지은 나비와 새들처럼 보입니다. 학생들은 모두 그들이 뛰어놀기 위해 올라간 통나무 그네 위에 모여 있습니다. 어릴 적 자주 듣던 말 중에 '멋진 동양'이라는 말이 있었는데, 당시에는 그 말이 무슨 뜻인지 궁금했었습니다. 그것은 밝은색의 극동 세계를 뜻합니다. 그래서 아주 오래 전부터 이러한 색동옷을 입은 이 아이들의 이야기가 전 세계에 전해졌습니다. 이 근처에 사는 소년, 소녀들의 이름을 저는 잘 모르지만 아이들은 모두 저를 알고 있어서, 제가 산책하러 가거나 그들을 지나칠 때면 매우 예쁘게 인사하며 "게일 목사님 안녕히 가세요."라고 하는데, 그 인사에는 제 이름과 안녕(安寧)함을 바라는 마음이 담겨 있습니다. 아이들 없이 우리는 무엇을 할 수 있을까요? 너무나 많은 노인이 걱정과 근심을 하고 있고, 이 세상을 어둡게 하는 죄와 슬픔은 쌓여만 갑니다. 만약 아이들의 생동력과 기쁨 그리고 행복이 없다면, 이 세상은 한밤중의 북극으로 변하고 우리는 모두 얼어 죽을지도 모릅니다. 이 아이들이 있음에 하나님께 감사드립니다. 매주 일요일 교회에서 예배를 드리러 모이는 천 명에서 천이백 명의 사람들 가운데 저는 250명 혹은 그 이상의 아이들을 바라보며 그들이 여러분과 우리에게 속하며, 미래에 대한 우리의 희망이라고 느낍니다.

여러분은 제가 [다윗]과 사무엘 그리고 요셉이 소년이었을 때를, 그들이 어른이 되었을 때보다 더 좋아했다는 것을 아시나요. 우리가 이곳에서 바라는 바는 소년 다윗과 사무엘의 모습들로 가득 찬 세상입니다. 그리고 우리는 나아안 장군에게 나병 치료의 장소를 알려준,

종살이 하던 작은 소녀를 바랍니다. 그 소녀에 대해 모른다면, 한 작은 소녀가 어떤 일을 행했는지 확인해 보시기 바랍니다.

이 편지는 제가 매일 여러분을 생각하고, 제 마음속에서 여러분을 만난 것에 관해 전하기 위해 쓴 아주 짧은 편지입니다. 그리고 수업이 끝날 때 교육감의 목소리가 들리는 듯합니다.

지구 반대편에서 여러분 모두에게 하나님의 축복이 임하길 기원하겠습니다.

여러분의 선교사,

Jas S. 게일

1908년 5월 16일 [평양]

친애하는 브라운 박사님께,

박사님의 친절한 편지와 따뜻한 애도에 감사드리며, 슬픔 속에서도 위로를 전해 주신 본부 여러분께도 깊은 감사를 표합니다. 이럴 때마다 우리는 우정의 가치를 되새기게 되고, 그 우정의 소중함과 의미를 알게 됩니다. 모든 동료들은 시련의 시간 동안 함께 손을 맞잡고, 우리 곁을 지켜 주었습니다. 병마와의 모든 싸움을 마친 후 아내가 너무나도 곱게 떠나자 우리 집은 갑자기 텅 빈 황무지로 변해 버렸고, 그것은 저와 사랑하는 제 딸들이 전에는 미처 알지 못했던 느낌이었습니다. 어머니를 많이 의지했던 딸 아이들에게 그러한 느낌은 더욱 끔찍했을 것입니다. 딸들과 함께 지내는 것에 적지 않은 두려움을 느꼈지만, 벌써 한 달 이상이 지났네요. 일상에서 아이들은 힘을 내어 맡은 일을 해가고 있고, 온 힘을 다해 노력하며 애들 엄마가 열심히 가꾸어 놓은 것들을 최선을 다해 이루려 하고 있습니다. 그로 인해 저의 두려움은 사라졌고, 하나님께서 딸들의 모든 길을 인도할 것이라는 확신을 갖게 되었습니다.

아내의 병환은 길었고, 많은 고통을 겪었습니다. 하지만 아름다움, 순수함 그리고 승리는 그녀의 것이었기에 그녀에 대한 기억은 이 땅 위에 있는 고귀한 시간으로 남아 있습니다. 제 아내는 고찬익 장로님이 계신 천국으로 갔습니다. 고찬익 장로님은 연못골 교회의 빛나는 불빛이었습니다. 그는 신학과 3학년을 보내기 위해 평양에 왔고, 이곳에서 돌아가셨습니다. 평양교회는 고 장로님을 이곳에서 장사(葬事) 지내려 했으나, 서울에 있는 신도들이 일제히 그의 시신을 서울로 모셔 장묘(葬墓)하기로 결정했습니다. 서울에 영구(靈柩)를 운구한 기차가 들어왔을 때, 저는 전에 본 적이 없는 인파가 영구(靈柩) 주위에 모여 있는 것을 보았습니다. 도시의 나이든 귀족들은 고 장로님 영구 옆에서 비통히 눈물을 흘렸습니다. 우리는 막 교회 묘지를 마련했었고, 그의 묘가 첫 번째 무덤이 되었습니다. 고 장로님은 학식도, 가문도, 능력도, 돈도 없었지만 귀족과 지게꾼 모두를 사랑하는 큰마음을 품었던 분이셨습니다. 제가 아는 그 누구보다도 더 많은 사람들이 그의 가난한 마음 속에 함께 살고 있었습니다. 아내가 우리를 떠나기 전 어느 날, 그녀는 저에게 "고 장로님을 뵙고 싶어요."라고 말했고, 고 장로님이 방으로 들어와 침대 곁에서 경건히 무릎 꿇고 감동 어린 기도를 주님께 드렸습니다. 아내는 저에게 "고 장로님, 그의 기도에 제가 얼마나 감사하는지 모르실꺼예요."라고 말했습니다. 우리는 사랑하는 아내 해티(Hattie)가 죽은 날로부터 불과 한 달 만에 고 장로님을 묻었습니다.

이 일들은 모두 이생에서의 삶에 대한 집착을 줄이게 하고, 더 나은 곳, 천국에 대한 소망을 더욱 의지토록 합니다.

애니, 제시 그리고 저는 평양에 며칠 동안 방문차 왔습니다. 지난 13일 수요일에 졸업식을 마친 평양 신학교 첫 졸업생들에게 한국어로 연설을 하기 위해 이곳에 초대되었습니다. 이번 졸업생들은 이 신학교의 초석이기도 합니다. 저는 선교 사역의 획기적인 분기점을 알리는 이 두 가지 의식에 참여할 수 있는 특권을 갖게 되어 크게 감사하고 있습니다. 우리는 다음 주 수요일에 다시 귀성할 것입니다. 그

동안 우리는 마펫 씨의 집에 머물 것입니다. 브라운 부인과 당신의
가족에게 따뜻한 안부를 전합니다.

진심을 담아,
J.S. 게일

1908년 9월 18일 [서울, 한국]

친애하는 주일학교 학생들과 선생님께,

우리는 9월에 열리는 연차총회를 막 끝냈습니다. 우리는 우리 선교회 회의를 했습니다. 그리고 나서 네 개의 모든 장로교 선교회의 연합회의를 했습니다. 그리고 감리교와 장로교 모든 선교회 회의를 했습니다. 그리고 노회연합회의와 특별회의가 있었습니다. 그 가운데 제가 말씀드리고 싶은 특별한 만남이 있었습니다. 그것은 기도를 위한 모임이었습니다. 그 모임은 8월 20일에 시작되어서 29일까지 계속됐는데, 매일 오전 10시부터 12시까지, 오후 2시부터 5시까지, 그리고 오후 6시부터 9시까지 6시간 동안, 열흘간 진행되었습니다. 120명이 사도행전 제1장과 제2장을 읽으면서 열흘간 기도하며 오순절 성령과 하나님의 영이 임하는 축복 가득한 모습을 볼 수 있었습니다. 그 기도 모임에 참여한 120명은 한마음과 한 영으로 모여서 하나님 아버지에 대한 믿음을 가지고, 서울에 복을 주시며 그의 성령을 내려주시기를 간절히 기원했습니다. 도시의 한 지역에서는 12명의 갓바치들이 모여 이번 모임을 위해 매일 밤 10시부터 11시까지 갈멜(Camel) 언덕 꼭대기에서 기도했습니다. 그 열흘 밤 동안 몇 번이나 비가 내렸지만, 찬송가 노랫소리가 갈멜 언덕 꼭대기에서 들려왔고, 믿지 않는 마을 사람들은 두려워하기도 하고 한편으로는 궁금해했습니다. 기도 모임이 시작된 후, 가난한 갓바치 열두 명 모두가 올 수는 없었고, 그중 세 명이 열흘간의 기도에 대표로 보내졌습니다. 모임 시간이 다 되었을 때 나는 60명 정도를 예상했으나, 거의 150명 정도가 모였더군요. 혹독한 태풍이 한국 상공에서 3일 동안 맹위를 떨쳤지만, 매일 모든 모임이 진행되는 동안 122명의 사람들이 그곳에 있었습니다. 모인 이들 중 대부분은 아침만 먹으며 금식했습니다. 모임을 시작할 때, 성경 몇 구절을 읽었습니다. 때로는 특정한 성경 구절을 20번 이상 반복해서 읽기도 했고 사도행전 전체를 천천히 다시 읽기도 했으며 다시 그들 모두는 무릎을 꿇고 기도하기도 했습니다. 때때로 그들은 한 시간 반 동안 쉬지 않고 하나님 앞에 엎드려 기도하며, 자신들과 도시 그리고 이 땅에 하나님의 복이 임하기를 간절히 기도했습니다.

시간이 지나자 모든 사람의 마음에 큰 권능이 임하는 것 같았습니다. 성도들의 마음은 허물어졌고, 자신의 심령 가운데 있던 냉랭함과 불신앙 그리고 기도하지 않음에 대해 자백하였으며, 넘치는 눈물로 그들의 삶을 새롭게 구별해 하나님께 드렸습니다. 성도가 되기로 한 한 청년은 확신에 사로잡혔고, 고백하지 않았던 죄는 칼처럼 마치 그의 영혼을 찔렀습니다. 그는 몇 해 전에 은행 수표를 바꾸면서 그에게 필요한 것보다 100달러를 더 많게 수표에 표시했다고 말했습니다. 그는 "저는 도둑입니다."라고 하면서 "제가 그 돈을 도둑질한 사람은 이미 죽고 없습니다."라고 말했습니다. 그는 100달러(미화 500달러 상당)를 가지고 와서는 내 발밑 깔개 위에 놓으며 "이 돈을 가져다가 하나님이 원하시는 곳에 써 주세요."라고 했습니다. 그러자 그의 마음에 평화가 찾아왔고, 이제 그는 성령 충만한 청년 중 한 명이 되었습니다.

또 다른 사람은 아들 걱정으로 모임에 참석할 수 없다고 느끼며

가서 길 잃어 헤매는 아들을 찾아야 한다고 말했습니다. 하지만 하나님은 하나님께 그의 아들을 맡기고, 기도에 동참하라고 말하고 있는 것 같았습니다. 닷새째 되던 날, 열여덟 살쯤 된 젊은이가 교회 문 앞에 와서 제게 말했습니다. "첫날부터 참석하지 않은 사람도 들여보내 주시나요?" "그럼요, 어서 들어오세요." 그 청년은 며칠 전만 해도 이런 곳에 오고 싶지 않았는데, 지금은 이곳에 오고 싶다고 말했습니다. 그가 바로 길을 잃은 아들이었습니다. 그는 기도 모임에 참석하게 되었고, 지금은 밝은 기독교 청년이 되었습니다. 기도 모임이 끝나기 전 기쁨과 즐거움의 함성이 들렸고, 거듭남과 하나님을 향한 열심의 증거들이 있었습니다. 여러분이 그것을 보았더라면 사도 시대가 조금이나마 되돌아온 모습이라고 생각했을 것입니다. 나중에 저는 한국교회 총회의 총회장으로 선출됐는데, 총회장이 된 영광에 감사하면서도 장로교 총회 모임보다 그 열흘간의 기도 모임이 더 행복했던 것 같습니다. 우리 집은 지금 건축 중에 있고 곧 완공될 예정인데, 게야 가격은 미국 돈으로 1910달러입니다. 전체 금액이 오를 경우, 나머지 90달러는 바깥에 있는 헛간과 입구에 있는 숙소를 짓는데 사용될 것입니다. 최선을 다해 우리를 도와주신 학생들과 선생님들 그리고 친절한 친구들에게 감사드리며, 모두에게 축복을 기원합니다.

여러분의 선교사
Jas. S. 게일

1909년 12월 16일 [서울, 한국]

친애하는 브라운 박사님께,

저는 당신이 집에 올 때까지 기다렸다가 내 가족과 우리 미래의 전망에 관한 이 은밀한 편지를 보냅니다. 딸 아이들과 저는 가장 행복한 삶을 살았습니다. 동료들은 우리 집을 방문했고, 그들은 달콤한 기억과 추억을 남기고 떠났습니다. 당신과 브라운 부인은 영원히 기억될 것입니다. 애니는 그녀의 일에 만족하고, 제시는 하루하루 밝지만, 나로 예를 들자면, 늙은 사람뿐 아니라 젊은 사람들도 상황은 바뀝니다. 우리가 아무리 삶을 일관되게 유지하기를 원한다고 해도, 그렇게 되지는 않을 것입니다. 젊은이들에게 결혼은 이상적인 상황이고, 저는 애니가 한국에서 결혼해서 지내길 바랐습니다. 하지만 이것은 그녀와 당신이 북경에서 만났던 내 조카 에슨 맥도웰 게일이 내년 가을쯤 결혼하기를 바라며 약혼한 것은 아닙니다. 그는 기독교인이며 훌륭한 학생입니다. 그는 최근 시험에서 지금까지 받은 점수 중 가장 높은 점수인 94%를 받았습니다. 테니 박사는 국무부에 그가 일류 중국 학자가 될 소질이 있다고 밝혔습니다. 외교 영사부는 아시다시피, 선교에서 많은 것을 의미합니다. 그들은 완전히 다른 세계가 아닙니다. 이 두 단어가 실제보다 더 가까웠으면 좋겠습니다. 저는 항상 미국과 영국 영사들, 그리고 우리 선교사들 사이의 완벽한 합의를 위해 일해 왔습니다. 저는 개인적으로 영사 대표들과 우리 선교부의 다른 어떤 회원보다도 더 많은 일을 해왔고, 그들이 우리와 똑같은 관심을 가지고 복음을 위한 기회를 바라보기를 항상 원했습니다. 저는 제가 외교 영사부에 중요한 관련을 맺게 될 것이라는 사실을 이제야 알게 되었다. 그것은 딸아이의 약혼이고, 애니는 1년 [더] 일을 계속하게 될 것입니다. 저는 그녀가 어디에 있든 끈기 있고 훌륭한 선교사가 되기를 바랍니다. 저는 그녀가 이곳 본부에 있으면서 여전히 우리와 함께 있는 것을 보고 싶습니다. 만약 그렇게 되었다면 가장 좋았을 테지요.

애니와 제시만이 알고 전적으로 동의한 또 다른 사안이 있는데, 이 문제에 대해서는 아직 말씀드리지 못했습니다. 이 문제에 관해 저는 당신과 부인께 말씀드리고 싶습니다. 작년 봄에 애니의 약혼을 처음 알았을 때, 저는 저의 집의 빈자리를 깨달았고 먼저는 아내가 그리고 애니가 떠나며 남긴 자리를 메울 방법이 없었습니다. 아내에게는 특별한 친구가 있었는데 14년 전 일본에서 처음 알게 된 입니다. 그녀는 일본에서 태어났고 철저히 동양적이며, 일본어를 구사하고, 그녀의 집은 서양이 아닌 동양에 있습니다. 우리는 요 몇 년 동안 줄곧 연락하였고 때때로 만났습니다. 그녀는 이제 34살입니다.

그녀는 현재 영국 런던에서 부모님과 함께 살고 있습니다. 그녀는 제가 이 집에서 저와 지내기를 진심으로 물을 수 있는, 이 세상에서 유일한 사람이었습니다. 저는 그녀에게 의견을 물었고, 그녀는 승낙했습니다. 그녀의 남동생은 찰스 5세이며, 세일 & 프레이저 요코하마의 영업 수석 파트너입니다. 프레이저(Frazar)는 뉴저지 오렌지(Orange) 시에 사는 전 뉴욕 한국 영사 에버렛 프레이저(Everett Frazar)의 아들입니다. 세일 씨(Mr. Chas. Sale)는 요코하마 상공회의소의 회장을 지냈으며, 뛰어난 능력을 가진 사업가일 뿐만 아니라 가족의 다른 구성원들과 마찬가지로 저명한 기독교인으로 알려져 있습니다. 제가 알기로, 세일 & 프레이저는 발드윈 기관차 회사(Baldwin Locomotive)의 지점입니다. 어쨌든 프레이저 씨는 여기 살았고, 현재 한국에서 운행 중인 기관차를 팔았습니다. 제가 이 말씀을 드리는 이유는 그녀의 가족 위상을 좀 알려드리기 위해서입니다. 우리가 그들을 처음 알았을 때 그들은 연합 교회의 일원이었고, 요코하마는 미참 박사의 목회 관할이었는데, 그는 캐나다 감리회 소속입니다. 에이다 루이즈 세일 양이 그녀의 이름입니다. 그녀는 34살이고 저는 46살이어서 나이 차가 다소 있지만, 그녀는 기꺼이 승낙했기 때문에 우리의 약혼은 유효합니다. 45세가 넘은 사람들은 절대 결혼해서는 안 된다고 생각하지만, 그래도 저의 상황이 그것을 정당화한다고 생각하고 싶습니다.

약혼에 관해 애니와 제시는 전적으로 호의적입니다. 왜냐하면 에이다는 지난 세월 동안 딸들 앞에서 끊임없이 엄마의 모습을 지켜왔기 때문입니다. 우리는 3년 전에 런던에 있는 그들의 집을 방문했고, 우리가 뉴욕으로 떠나기 전에 그녀와 그녀의 남동생이 스코틀랜드에 있는 우리를 방문했습니다.

이러한 상황이 당신과 부인께 어리석은 행동처럼 보일지 모르지만, 그렇게 여기지 않으시리라 믿습니다. 저는 지적이며, 그리스도처럼 순결하고, 아름다운 교제를 사랑합니다. 그래서 우리의 교제가 그렇게 될 것이라고 확신합니다. 게일 부인이 그랬던 것처럼 브라운 부인도 그녀를 좋아할 것이라고 믿습니다.

이 모든 변화 속에서 우리에게 남겨진 보물인 제시의 유일한 어려움은 그녀가 이곳의 집과 중국에 있는 집을 힘들게 오가야 할지 모른다는 것입니다. 그녀와 애니는 에이다가 온다는 사실에 마치 그들이 그녀를 오라고 한 것처럼 만족해합니다. 만약 그녀들이 동의해 주지 않았다면, 저는 그것에 대해 생각할 수 없었을 것입니다.

만약 당신이 미국 성서 공회 게일 양에 대해 더 알고 싶다면 요코하마 미국 성서협회의 게일 루미스 씨나 침례교 선교회의 디어링 D.B. 목사에게 물어보셔도 됩니다. 그들은 그녀를 잘 알고 있습니다. 제가 아는 전부는 하나님이 인도하셨다는 것과 제가 하나님의 사역을 감당하는데 있어, 그녀가 필요한 도움과 영감이 되리라는 것입니다.

브라운 부인과 당신의 축복과 기도를 진심으로 바랍니다.

두 분께 하나님의 은총이 있기를 바랍니다.

진심을 담아,

Jas S. 게일

─추신

우리는 내년 4월에 결혼하려고 합니다.

1910년 6월 16일 [서울, 한국]

친애하는 브라운 박사님께,

저는 방금 아내로부터 그녀가 처음 교회 성도 자격 심사를 받을 때 앞에 있던 분이 요코하마의 헵번 박사라는 사실을 알게 되었습니다. 아내가 말하길 자신이 너무 소심했고, 질문받는 것이 다소 두려웠으며, 질문에 제대로 대답하지 못할까 봐 걱정했다고 합니다. 현재 토론토에 있는 캐나다 감리교회 미참 박사의 주소는 모르지만, 그 당시에는 목사였습니다. 그는 에이다 세일로 교체될 때까지 심사를 계속했습니다. 헵번 박사는 그녀가 질문하는 것을 도왔고, 그녀이 모든 두려움을 사라지게 해주었으며, 아내가 잊지 못할 정도로 친절했다고 합니다. 헵번 박사는 그녀가 어린 소녀였을 때부터 그녀를 알고 있었고, 그가 그녀를 대변해 줄 것이라 저는 확신합니다.

안부 전해주시기 바랍니다.

진심을 담아서,
Jas S. 게일

1910년 8월 11일 [북한]

친애하는 브라운 박사님께,

박사님의 친절한 편지와 브라운 여사의 안부에 깊은 감사를 드립니다. 제 아내, 애니, 제시, 그리고 저는 이 더운 계절에 서울에서 북쪽으로 두 시간 떨어진 북한 지역에서 몇 주를 보내고 있습니다. 언더우드 씨 가족은 황해도에 있는 소래 해변에 있고, 나머지 사람들은 서울에서 남쪽으로 약 10마일 떨어진 관악산에 있습니다. 날씨는 무덥지만 우리는 무탈합니다. 2주 후에는 모두 돌아와 연례 회의 준비를 한 것입니다. 저는 며칠간 서운지부에 제출할 보고서를 작성했는데 이제 막 끝내고 인쇄소로 보냈습니다.

제 아내는 한국에서의 생활을 매우 즐거워합니다. 아내와 아이들은 행복한 트리오가 되었고, 딸들은 아내의 특별한 친절함과 상냥함에 행복해합니다. 그녀는 사랑이 몹시 필요한 이곳 한국에 많은 도움을 되리라는 것을 압니다. 우리 가족은 매우 행복해하며 매 순간을 즐겁게 보내고 있습니다.

새로운 조선 통감인 데라우치 자작의 도착으로 정국은 새로운 국면에 접어들었습니다. 저는 아직 그를 본 적이 없습니다. 그는 일주일 전에 가든파티를 열어 우리를 초대했는데, 날씨가 너무 더워서 시내로 내려갈 수가 없었습니다. 그는 병합을 기대하고 한국에 왔지만, 아직까지 병합 발표에 대한 소식은 없습니다. 소문에 의하면, 큰 어려움은 현재 조선의 내각 대신 중 누구도 그러한 발표에 책임을 지고 재임하지 않으려 한다는 것입니다. 병합되면 대신들은 모두 사임할 것이고, 통감부는 병합 합의를 굳히기 위해 모든 노력을 할 것입니다. 그러나 내각 대신들은 "만약 그것이 성공한다면, 우리는 반드시 암살자의 손에 죽을 것이다. 누가 그러한 공직을 원하겠는가?"라고 여깁니다. 그래서 줄다리기는 계속되고 있습니다. 사안이 어떻게 정리될지 예측하기는 조심스럽지만, 조만간 병합이 이뤄질 수밖에 없을 것입니다. 이토 통감 때와 다르게 지금 정부의 대처에는 분명한 차이가 있어 보입니다. 병합이 성사될 경우, 하와이와 미국에 있는 애국 조선인들이 어떤 행동을 할 것인지에 대한 글을 번역하여 게재한 서울 프레스 등의 신문들은 지난 토요일 폐쇄되었습니다. 우리는 현 상황과 관련한 군사적 해결 방안에 휘말리지 않기 위해 신중하게 걸어가야 할 것입니다.

저는 우리 학교의 젊은이들이 매우 급진적인 반정부주의자라는 것을 점점 알아가게 되는 것 같습니다. 그들을 강력하게 통제할 수가 없습니다. 젊은이들은 책임자, 장관, 상급자, 국왕, 내각 대신 등 모든 사람에게 명령하고 싶어 합니다. 중국, 인도, 시리아, 이집트 등에서도 비슷한 이야기 있다는데, 사실인 것 같습니다. 젊은이들은 우리가 직면해야 할 가장 어려운 문제들 가운데 하나입니다. 저는 때때로 이 젊은이들이 고집과 자만심으로 일어나 교회와 학교 그리고 우리가 소중히 여기는 다른 모든 것들을 가로막게 된다면, 언젠가 우리의 [통제권을] 정부에 모두 넘겨줘야 할지도 모릅니다. 모든 수단을 동원해서 이 청년들이 하나님의 영을 향하고, 동시에 법을 준수하도록 해야 할 것입니다. 어떤 기독교 학교도 이렇게 끓어오르는 젊은이들을 통제할 수 없을 것입니다. [판독 불가] 평양 주변과 서울에서 여러 차례 눈에

띄는 무법적 상황을 보았고, 그러한 경험이 이러한 생각을 품게 했습니다. 교회를 운영하는 것은 분명 힘든 일이고만, 많은 젊은이를 [판독 불가] 통치하는 것은 [판독 불가] 정부입니다. 그리고 일본을 무너뜨리는 것은 [판독 불가] 불가능합니다. 오직 한 가지 방법만이 있는데, 그것은 바로 청년들을 귀하게 대할 수 있는 여건과 교사를 갖추어 학교를 [판독 불가] 훌륭히 가꾸는 것입니다. 우리는 정부와 힘든 [판독 불가] 경쟁을 벌여야 합니다. 곧 한국에서 벌어질 상황에 대해 당신이 [판독 불가] 관심이 있기에 저는 제 두려움을 적어가고 있습니다.

현시대에는 외국 선교사의 가치가 하락하고 있습니다. 이런 삼엄한 정치 분위기 속에서 한국인들은 너무 [민감하고] 지배당하는 것을 두려워하고 있습니다. 이 때문에 사역 현장에서도 선교사들은 그들에게 불쾌감을 주지 않기 위해 매우 조심스럽게 행동합니다. 매우 친절하게 진실을 말해도 이따금 그들에게 치명적인 분노를 불러일으킵니다. 다시 말씀드리지만, 현 정부에 반대하는 강성 독립운동가들의 편을 들지 않는다면 그들은 그것을 적의로 간주할 것입니다. 이러한 상황에도 불구하고 우리는 순간적인 것들과 비교되는 영원한 [판독 불가] 하나님 나라와 그 나라의 가치를 강조하고 있습니다.

박사님의 글을 받게 되어 매우 기쁩니다. 저는 그 글에 깊은 관심이 있습니다. 서울로 돌아가면 그 글의 가치를 알아보고 그 글을 진중하게 읽을 수 있는 곳에 배포하겠습니다.

당신은 제가 왜 어빈(Irvin) 문제에 관한 견해를 바꿨는지 물었습니다. 당신이 여기 있을 때의 상황을 고려해 볼 때, 저는 그가 선한 사람이 아니기 때문에 떠나야 한다고 생각합니다. 그에게 제기된 혐의들에 대한 근거가 없는 것은 아닙니다. 그가 자질 있는 [판독 불가] 선교사가 아니었기 때문이 아니라, 동료들과 [잘 지내지] 못하기 때문입니다. 오히려 동료들 가운데 일부는 그를 견딜 수 없어 합니다. 부산의 교회가 그에게 [대부분] 반감을 갖고 있다는 사실이 그것을 확인해 줍니다. [판독 불가]의 기간도 끝난 것 같고 아니, 저는 그가 떠나는 것이 더 낫다고 생각했습니다. 그러나 [그 이후에] 혐의와 관련하여, 어빈 씨가 친하게 대하지 않았던 고 씨 쪽에서 검은 음모를 꾸몄다는 것이 밝혀졌습니다. 교회 사람들 역시 [판독 불가] 그러한 이유로 인해 어빈 씨를 적대시했다는 것이 밝혀졌습니다. 이런 소문이 도는 와중에 그를 강제로 사임하게 하고, 그러한 소문은 사실이 아니며 그에게는 전혀 책임이 없다고 한다면, 저는 그의 동료들과 교회 사이에 그러한 갈등이 있음을 [판독 불가] 확인해 주는 꼴이 될 것입니다. 사실 저는 [판독 불가] 그것이 갈등보다 더 많은 해를 끼칠 것이고, 결국 우리를 더 큰 어려움에 빠지게 할 것이라고 생각합니다. 저는 어빈 박사와 어빈 부인을 [판독 불가] 지극히 훌륭한 사람이라고 생각할 수밖에 없습니다.

어빈 부인은 학교에서 일했고, 어빈 박사는 병원에서 사역했습니다. 만약 이들 부부가 사람들의 마음을 여전히 얻고 있다면, 그들이 떠나게 되는 일은 매우 큰 손실일 것입니다.

이게 제 의견입니다. 저는 어빈 박사가 간호사와 관련한 일에서 보인 것처럼 독단적인 방식으로 일을 형편없이 처리했다고 생각합니다. 하지만 이제는 자신의 잘못을 깨닫고 앞으로는 더 신중하게 처신하기를 바라고 있습니다. 여전히 저는 그가 사랑받지 못하고 죄를 지었다고 당신에게 말했을 때처럼 느낄 수밖에 없습니다. 잘못으로 인해 선교현장에서 그를 해임하는 것은 옳은 방법이 아닙니다. 하지만 무엇보다도 이전에 사랑하지 못한 영혼의 상처를 치유하고, 그와 어빈 부인에게 공정한 기회를 줘서 잘 지낼 수 있도록 돕는 것이 필요해 보입니다. 읽어야 할 편지도 많은 당신을 지금까지 장문의 편지로 붙들고 있었네요. 우리는 10월, 서울에서 대규모 캠페인을 계획하고 있으며 이 캠페인이 서울에 큰 복을 가져다주리라 믿고 있습니다. 그것을 위해 특별히 기도해 주십시오.

오셨을 때 함께한 행복한 추억을 떠올려 봅니다.

브라운 부인께 안부 전합니다.

진심을 담아서,

Jas. S. 게일

1911년 6월 14일 [서울, 한국]

제임스 S 게일 목사 귀하,
친애하는 게일 박사님께,

저는 방금 데이 씨로부터 4월 30일에 박사님 댁에 아들이 태어났다는 소식을 들었습니다. 서둘러 박사님과 게일 부인께 진심을 담은 축하의 말씀을 드립니다. 제 아내도 저와 함께 축하의 말씀을 드리고 싶다고 하네요. 하나님께서 박사님의 아드님께 크게 복 주시고, 그를 고귀하고 유용한 인물로 세우시길 기도합니다. 지금 지으신 아드님의 이름으로 미루어 볼 때 그가 선교사로 훌륭히 성장하길 바라며, 저희는 박사님 가족 모두에게 축복이 있기를 소망합니다.

진심을 담아서,
A. J. 브라운

1911년 7월 25일 [북한, 한국]

친애하는 브라운 박사님께,

아내와 저는 당신의 친절한 편지와 브라운 부인의 메시지에 크게 감사드립니다. 이 집에 남자 아기가 태어난 것은 정말 대단한 일이었습니다. 제시는 그 아기에게 큰 관심을 보이고 있고, 우리 모두 제시의 마음과 같습니다. 아기는 7월 2일 평양에서 특별히 유아 세례 집례를 위해 오신 킬 목사님께 세례를 받았습니다. 당신과 브라운 부인에게 동봉해 보낸 사진은 다음날 찍은 것입니다. 할아버지의 이름을 따서 죠기(George)라고 이름 지었고, 세례 때 받은 한글 이름은 "죠세"(Cho=돕다, Say=세상)입니다. 미력하나마, 세상을 도우라는 의미입니다. 제가 한국에 온 이후로 우리와 줄곧 함께하고 있는 성경 번역가 이창직 씨가 그 아이를 위해 지어주었습니다.

당신이 이곳에 온 이후로 시간은 빠르게 흘러갔고, 세상에는 많은 변화가 있었습니다. 저는 당신에게 무슨 말을 해야 할지 잘 모르겠습니다. 아마도 지금처럼 미래를 예측하는 데 있어서 견해가 크게 나뉜 적은 없었을 것입니다. 선교 사역은 큰 이적이나 경이로움 없이 평범하게 진행되고 있습니다. 하지만 주간 기독교 뉴스에 관한 편지를 받았을 때, 저는 신뢰할 만한 관계자로부터 우리의 기도가 응답받았고 우리가 결코 지금의 은혜의 [증거]를 잃지 않았다는 것을 보여주는 [판독 불가] 축복의 징표를 발견하게 되었습니다.

10년 전처럼 대의를 돕는 정치 기관은 더 이상 없으며, 지금은 죄와 다른 불행의 근원에서 벗어나기 위해 [전쟁 속에서] 하나님을 알고자 하는 열망으로 가득 차 있습니다. 사람들의 관심은 계속 이어지고 있고, 오랫동안 신자가 되기를 갈망해온 이들이 점점 더 많아지고 있습니다.

정부는 우리에게 아무런 어려움도 주지 않지만, 교회를 향한 관심은 여전합니다. 이를 위해 일본교회와 한국교회가 더 연합하게 된다면, 그것에 대해 일본인들에게 감사해야 할 것입니다. 많은 노력들이 계속되고 있습니다. 일본의 교인들이 한국의 주요 목사들과 장로들을 초대하여 그곳의 교회에서 부담한 비용으로 일본으로 여행하도록 한 것을 기억해야 합니다. 오늘 서울신문은 일본으로 초대된 사람들의 이름을 기사로 냈습니다. YMCA의 네 명의 근무자 이외에 감리교 목회자 12명과 장로교 7명이 가게 되었습니다. 장로교에서는 의주의 김창규(Kim Chang-kyu, 의주), 신춘(Syn-chun)의 양춘백(Yang Chun-paik) 평양의 주공삼(Chu Kong-sam), 재영의 이운룬(Yi Wun-run), 대구의 김찬일(Kim Chan-il), 그리고 서울의 한숙진(Han Suk-chin) 이 그들입니다. 그 밖에 서울 중앙교회의 이요한 장로가 가게 되었습니다. 이 일은 교회뿐 [판독 불가] 아니라 [지역적으로도] [영향을] 끼칩니다. 그들은 28일에 이곳을 떠나서 8월 12일에 돌아올 예정입니다. 그들은 융숭한 대접을 받을 것입니다.

이 일 [판독 불가]에 대해서는 앞으로 믿음과 신뢰로 나아갈 수밖에 없습니다. 하나님께서는 선한 [신자들에게] 은혜를 베푸시기 때문에, [진정한] 선의에 보답하는 그 어떤 것 보다 더 많은 방법으로 한국인을 통해 일본교회를 축복하실 것입니다.

최근에 W. W. 화이트 박사가 우리를 방문했고, 이곳 서울의 교회 지도자들을 위해 성경학교를 하기 위한 노력에 고무되었습니다. 우리는 수년 동안 홈즈 선교회, 카우만, 그리고 킬본 [YMCA]의 한국인 대표들**과** 함께 일을 진행해 왔습니다. 그들의 통상적인 방법에 따라 그들이 할 수 있는 만큼 다른 교파의 지도자, 직원, 교회 일꾼들을 빼내 갔습니다. 그들은 내 교회의 일꾼들을 빼가기 위해 최선을 다했고, 평양과 황해도에 서도 같은 짓을 했습니다. 그들의 목표는 성경학교를 설립하고 전국에 보낼 지도자들을 가르치는 것이었습니다. 올해 그들은 [외국인] 선교사, [웰스만 씨], [토마스 씨]를 파견했고, 이 일은 우리가 우리의 성경학교를 만들어야 필요성을 더 빨리 느끼게 했습니다. 한국 지도자들은 성경 공부를 결심했고, 만약 그들이 그것을 우리에게 얻지 못한다면, 그들은 그것을 얻기 위해 때때로 다른 곳으로 "[판독 불가]"로 갈 것입니다. 화이트 박사의 방문 성과는 우리가 [Irvin]의 학교에 이르렀다는 것입니다. 그 학교에서 그는 임시로 총장직을 맡았고, 언더우드 씨는 사무장직을, 그리고 저는 총무직을 맡았습니다. 우리는 감리교 신자들이 최근 사들인 부동산에 대한 작업을 10월에 시작하기를 바라고 있습니다. 저는 이 일이 제게 그렇듯, 당신에게도 고무적인 일이길 바랍니다.

당신은 화이트 박사와 같은 [판독 불가] [도움이 되는] 선생님을 알 고 있습니다. 그는 자신에 대해 만족하는 듯 보이지만, 여기에 있는 형제자매들은 그렇지 않습니다. 사람들은 그가 스스로 [생각하는] 것 처럼 선하고 거룩하다고 생각하지 않습니다. 지도자로서 충족시켜야 할 모든 것들을 갖추게 하는 것이 더욱 필요해 보입니다.

이제 저는 우리 모두가 보내는 많은 호의와 감사의 메시지로 마무 리하려 합니다.

진심을 담아서,
제임스 S. 게일

1911년 8월 21일 [서울, 한국]

친애하는 게일 목사님께,

저는 박사님께서 7월 25일에 보낸 편지에 깊은 관심이 있습니다. 그 편지는 금요일 밤에 도착했고, 집으로 가는 기차에서 읽었습니다. 사무실의 분주한 일들로 편지 읽을 기회가 많지 않네요.

저는 박사님이 동봉하신 사진을 보고 매우 즐거웠습니다. 제 아내는 매사추세츠에 있는 우리의 여름 별장에 있고, 제가 올라가는 길에 그 사진을 그녀에게 가져다줄 것입니다.

저는 서울에 있는 연합성경학교와 관련하여 선교부나 집행위원회로부터 공식적인 통보를 받은 적이 없지만, 박사님이 주신 것을 포함해 개별 선교사들로부터 온 편지들에는 이 학교가 확실히 추진되고 있다고 밝히고 있습니다. 저는 이 중요한 사업이 개별 선교사들에 의해 독립적으로 다루어지기보다는 선교부와 본부를 통해 일괄적으로 다루어지기를 바랍니다. 모든 사안은 중국에서 진행되는 비슷한 사업과 함께 뉴욕에서 충분히 논의되었습니다.

여기서 우리의 입장의 핵심은 우리가 기독교 노동자들을 위한 연합훈련학교에 대해 강력히 찬성하지만, 그러한 노동자들의 훈련은 교회와 선교사 그리고 본부의 가장 엄숙한 의무 가운데 하나이기에, 우리는 그것을 어떤 독립 기관에 넘겨 그 의무를 포기할 수 없다는 것입니다. 교회와 본부는 스스로 기관들을 관리해야 합니다. 우리가 현재 산둥기독교대학, 난징대학, 그리고 북중국 연합대학에서 대학과 신학교를 관리하는 깃처럼, 선교부와 본부의 헌법과 조항에 따라 선출된 대표들로 구성된 현장관리 본부가 그러한 연합 학교를 운영할 수 없다는 것은 타당하지 않습니다. 난징의 J.C. 개릿 목사는 그 도시의 연합 훈련 학교 회장에 지역적으로 임명되었고, 우리의 견해에 대해 그에게 다음과 같이 밝혔습니다.

"성서 교사 양성 학교에 대한 당신의 언급은 매우 적절합니다. 본부와 선교부 모두 미래의 교회 지도자들 훈련에 대한 책임을 포기할 수는 없습니다. 나는 방금 화이트 박사에게 현재 상황을 설명하는 편지를 썼습니다. 그가 이번 여름에 중국을 방문하게 되면, 우리는 그가 직면할 수 있는 어려움과 문제에 관해 설명할 수 있을 것입니다.

훈련학교를 위한 독립적이고 영구적으로 그의 계획은 선교부에 있는 여러 회원들의 관심을 끌지는 못했습니다. 우리는 지금 대표자 선출권을 가지고 사여에 참여하는 관리 본부 및 가가이 선교부 임명을 제안했습니다. 그들은 현재 난징대학의 관리 위원회가 하는 것과 같은 방식으로 훈련학교의 일을 결정할 수 있을 것입니다."

우리는 연합훈련학교를 강력히 지지합니다. 그러나 저는 여기서 독립적인 본부들이 통제하는 학교들에 대해 본부가 동의할 가능성은 거의 없다고 봅니다. 제가 보기에 조직의 기초는 실제적이어야 하며 산둥기독교대학과 같이 몇몇 연합 기관에서 잘 작동하고 있는 것이어야 할 것 같습니다.

언더우드 박사님과 마펫 박사님 모두 이 문제에 관해 제게 편지를 쓰셨듯이, 저도 같은 취지의 글을 그분들께 쓰고 있습니다. 게일 부인께 안부 전해주시고, 아기에게도 저를 대신해 애정을 표현해 주세요. 제가 그 아이를 볼 수 있었으면 좋겠습니다.

애정을 담아서,

A.J. 브라운

1915년 1월 30일 [서울, 한국]

친애하는 동료들에게,

본부 규정 249에 관한 집행위원회의 회의록(제7단락, 집행위원회, 1915년 1월 26일-27일)에 대해서 찬성 또는 반대 의견서 모두 임시조치 통과에 필요한 3분의 2 이상의 표를 받지 못할 것으로 보입니다.

집행위원회는 본부의 요청에 응할 준비가 돼 있지 않다고 판단했고(이사회 서한 249, 7쪽, 상단 단락) 서울의 대학 동료들은 같은 규정에 따라 조직을 운영할 권한이 없습니다. 좀 더 기다리면서 반대 의견서에 투표할 기회를 선교부에 주는 것이 더 현명해 보입니다.

반대 의견서가 통과되지 않을 경우, 귀하는 본부 규정 249, 7페이지 첫 단락에 포함된 대로 다른 사람과 함께 위원회의 승인을 따르겠습니까? 규정은 다음과 같습니다.

"_____ 만약 집행위원회 구성원이 ('현장 관리자 위원회'의 대표자 즉각 선출)과 같은 이러한 조치를 수행할 준비가 되어 있지 않다고 생각되는 경우 본부는 스스로의 판단에 반하는 행위를 하지 않기를 바라며, 본부는 다른 선교부의 대표자들과 협력하여 서울에 있는 대학을 조직하는 일에 본부를 대표할 의사가 있는 선교부 회원에게 권한을 부여한다."

그리고 한국을 위한 연합기독교대학의 현장 관리 위원회에 우리 회원을 뽑는 일을 도울 수 있습니까?

이 본부에서 활동할 3명을 첨부 시트에 투표해 주시고, 귀하가 투표한 것을 서울에 있는 존 F. 겐소(John F. Genso) 씨에게 보내주십시오. 만약 투표를 거부한다면, 겐소 씨에게 그 사실을 알려주시기 바랍니다.

1915년 2월 15일, 가능한 사람들은 오후 2시에 겐소 씨 댁에서 만나 이 투표물을 개표하고, 만약 당선인이 있다면 당선을 선언할 것입니다. 진심으로 초대합니다.

[서명] J.S. 게일, E.W. 쿤, J.F 겐소, J.M. 허스트

1919년 11월 16일 [서울]

친애하는 브라운 박사님께,

당신의 친절한 편지가 서울에 도착했을 때 저는 아내 그리고 조지와 함께 금강산에 와 있었습니다. 당신과 브라운 부인의 애도에 큰 감사를 드립니다. 우리는 아직 두 살도 안 된 작은 아이의 죽음이 우리 집에 그렇게 큰 변화를 가져올지 몰랐습니다. 말로 다 설명할 수 없습니다. 그 아이는 그저 "아빠"라고 말할 수 있는 나이였고, 무엇보다도 아침에 제가 그를 데리고 정원에 가면 작은 손으로 새들을 가리키며 기기가 일본인 아마에게 배운 일본어로 "투ー투, 투ー투"라고 말하곤 했습니다. 그 새가 죽은 다음 날 조지가 내게 말했습니다. 작은 새들을 가리키며, "아빠, 오늘 아침 작은 새들은 하느님과 있겠죠? 그렇죠?"

이것은 조지의 생각이었고 저는 그것을 바로잡고 싶지 않았습니다. 조지는 영사의 어머니인 시드모어 부인이 가장 좋아하는 아이였습니다. 그 아이는 그녀의 축복을 받곤 했지만, 그녀는 작년 요코하마에서 90세의 나이로 세상을 떠났습니다. 그녀는 비비안과 장난꾸러기 조지를 본 적이 없었죠. 그래서 아이는 언젠가 제게 말했습니다. "아빠, 천사들이 비비안을 시드모어 부인에게 데려갔다고 생각해요. 저는 게일 부인의 어린 아들이고, 시드모어 부인은 저를 무척 사랑할 거예요."

이 세상이 계속되는 한 그 아이는 작은 소년 천사이며, 천국에 더 가깝게 있습니다. 감사하게도 저는 한 달 동안 금강산을 구경할 수 있는 휴가를 얻어서 우리는 9월 말경에 떠나고, 듣기는 했지만 본 적이 없던 단풍 사이에서 멋진 여행을 했습니다.

쿠빌라이 칸과 몽골의 후계자들에게 알려졌고 특히 중국에서도 유명한 이 지역은 전체가 유명한 국립공원입니다. 당신과 브라운 부인이 그곳 경치를 봤으면 좋겠습니다. 다음에 오실 때 제가 그곳까지 안내해 드리겠습니다.

경의와 감사를 표합니다.

[판독 불가] 진심을 담아,
J.S. 게일

1919년 10월 28일 [픽스 5 밀너 로드, 본 마우스]

그리스월드 박사님께,

10월 8일 자 편지는 잘 받았습니다. 저는 휴가에 관한 이사회의 규정을 [읽었고], 제 계획을 그렇게 정리하려 합니다. 저는 늦어도 2월까지는 배를 탈 것으로 예상합니다. 그렇게 되면, 4개월은 여기서 지낼 수 있을 것입니다. 12년 [판독 불가] 만에 휴가를 간다는 사실은 본부가 일반적인 휴가보다 한, 두 달 더 내가 미국에 있게 해줄지도 모른다는 생각을 하게 합니다. 본부가 이 시간을 내 아내의 가족들이 있는 영국에서 보낼 수 있게 해주셔서 정말 감사합니다.

집의 [판독 불가] 기한에 대해 저에게 알려주실 수 있으신가요? 저는 9월 7일에 이곳에 도착했습니다. 물론 뱃삯은 모두 뉴욕으로 지급되었으므로, 그것과 관련해 저는 당신에게 청구할 내용이 없습니다.

깊은 감사를 드리며, 진심을 담아.
J.S. 게일

1920년 4월 20일 [미시간주 베이, 시티, 센터 스트리트, 401번지]

친애하는 브라운 박사님께,

저는 한국 선교부 52명이 제기한 청원에 반대합니다. 제가 보기에 본부에는 불리하고 자신들에게는 유리하게 국회를 움직이려는 이 시도는 그들이 계약을 이행하지 못한 것, 즉 배임에서 비롯된 것입니다. 수년 전 대학 소재지에 대한 문제가 제기되었을 때, 우리는 그 문제에 대한 심의처로 뉴욕의 공동 위원회를 받아들였습니다. 우리가 이 위원회를 수락했다는 것은 이 위원회를 자신들에게 유리하게 움직일 심산으로 발송한 개별 편지에 드러나 있습니다. 이 위원회의 결정이 최종적인 것이 될 것이고, 그렇지 않았다면 우리는 편지를 결코 보내지 않았으리라는 것이 현장의 확고한 생각이었습니다. 우리 선교부의 대다수 또는 투표권이 있는 다수는 이 사항이 선교부 간의 문제라는 것에 이견이 없었습니다. 이 문제가 심각해졌을 때, 지도자들 중 몇몇은 공동 위원회의 권한에 결함이 있다고 공표했고, 그날 이후로 지금까지 우리의 선교 사역에는 바람 잘 날이 없었습니다. 저는 평양에 찬성표를 던졌지만, 설사 우리에게 불리하더라도 최종적인 결정으로 받아들여야 할 것 같았습니다. 청원자들이 그들의 조치와 대학 문제와는 관련이 없다고 말한다고 하더라도 저는 그것이 분명 관련되어 있다고 확신합니다. 만약 우리 중에 대학 문제에 대해 불만을 품은 세력이 없었다면, 오늘 우리가 겪고 있는 청원 문제는 없었을 것입니다. 이번 청원을 초래한 문제는 우리에게 경종을 울릴 만한 것이고, 우리는 수년간 불행을 경험했습니다. 저는 그것에 반대합니다. 좋은 열정과 모두의 이익을 위해 제기되는 모든 청원에 대해 저는 존중하며 바라볼 것입니다. 하지만 이번 청원은 당파적 목적과 자신들에게 동의하지 않는 다른 이들에 대한 적대적 비판으로 가득차 있습니다. 저는 그것에 반대하고, 그것이 가능한 한 조속히 기각될 것을 확신합니다.

안부를 전합니다.

진심을 담아서,
J.S. 게일

1920년 4월 22일 [401센터 스트리트, 미시간주, 베이시티]

친애하는 게일 박사님께,

박사님은 총회 집행위원회에 제출된 선교부 회원 52명의 탄원서에 관한 4월 20일 편지를 제가 읽었다는 것을 알고 계실 것입니다. 저희는 탄원인들에게서 그 외에 들은 것은 없지만, 전국 각지의 목회자들이 총회에 제의를 요청하며 청원서 사본과 대상 관련 서류를 장로회 국가 서기(the Stated Clerks of Presbyteries)에게 보냈다는 취지의 편지를 우리에게 보내고 있습니다. 그로 인해 여론은 들끓고 있습니다.

이내외 지는 박사님의 짧은 뉴욕 방문에 대한 즐거운 추억을 기억하고 있고, 우리는 전후 회의에서 박사님을 다시 만나기를 희망하고 있습니다.

게일 부인께 따뜻한 안부를 전합니다.

애정을 담아서,
[A.J. 브라운]

1925년 6월 3일 [서울, 한국]

집행위원회 귀중
북부 장로교 선교부

친애하는 형제님들께,

다가오는 휴가 일정과 관련해서 여러분의 상당한 고려가 필요하다는 것을 알고 있고, 또한 결정의 조건이 무엇인지 미리 안다는 것이 얼마나 중요한지 인식하고 있기에, 저의 근무 일정에 영향을 미치는 몇 가지 사항에 대해 알려드리고가 합니다.

1928년 12월 15일이면 저는 한국에서 선교사로 사역한 지 40년이 되며, 따라서 만약 제가 그 기간 내내 선교회의 일원이었다면 은퇴 자격이 주어졌을 것입니다. 하지만 저는 3년 후인, 즉 1892년 초까지 선교회에 일원이 아니었습니다. 그래서 저는 1932년 초까지 사실상 은퇴 자격이 없습니다. 하지만 제가 아래에 제시하는 내용은 아마도 저의 은퇴 조건에 관한 귀하의 견해를 다소 바꿀 수 있으리라 생각합니다.

1.

저는 앨런 박사와 언더우드 박사로부터 장로교 선교부의 일원로 일해 달라는 요청에 응하면서, 토론토 대학 YMCA에서 먼저 나왔습니다. YMCA의 어떤 특별 활동이나 별도의 선교 활동에는 전혀 참여하지 않았습니다. 장로교 신자로서 저는 장로교 교인들과 함께 선교와 구제 활동에 참여했습니다. 이러한 일들이 저에게 요청된 일이었습니다.

2.
이에 대해 저는 첫 3년을 다음의 일들을 하며 지냈습니다.

1888년 12월부터 1889년 3월까지 저는 언더우드 박사와 함께 살았고, 이후에는 기포드 가족이 살기도 했던 선교회 가옥 한켠에서 기거했습니다.

1889년 7월에 귀환해서는 한강 유역의 외국인 묘지 근처로 가서 언더우드 부부와 함께 살면서, 언더우드 박사가 포켓 사전 만드는 일을 도왔습니다. 이런 연유로 인해 과분하게도 제 이름이 책 첫 장에 실렸습니다.

1889년 9월부터 1890년 6월까지는 남쪽의 대구와 경주 사람들과 친분을 쌓기 위해 부산에 갔습니다. 그곳에 머무는 내내 저는 특별히 어학 공부에 매진했고, 힘닿는 한 선교 개척에 힘썼습니다.

1890년 6월에 헤론 박사는 헌트 세관장의 아픈 딸을 보기 위해 부산을 방문했습니다. 그의 급한 부탁에 따라 저는 그와 함께 서울로 돌아왔습니다.

1890년 6월, 선교부에서는 처음으로 헤론 박사가 사망했습니다. 당시 그의 임종을 지킨 사람은 저뿐이었습니다.

1890년 8월부터 1891년 3월까지는 어학 공부, 교직, 정기적 예배 집례, 그리고 봉사를 하면서 서울에서 바쁘게 생활했습니다.

1891년 3월에서 1891년 6월까지는 마펫 박사와 함께 긴 여행을 했는데, 의주에는 걸어서 갔고, 무크덴까지는 수레로 이동했습니다. 수레로 다시 야루로 갔다가, 차성, 후창, 창진 그리고 함흥까지 갔다가 서울로 돌아왔습니다.

그 여행은 나중에 선교부에 도움이 되었습니다. 한국에 간접적으로 관련해 있었고, 신약성경을 번역한 무크덴(Mukden)의 로스 박사를 만났습니다.

1891년 7월부터 1891년 12월까지는 제가 살며 가르쳤던 서울 남학교를 맡아 운영했습니다.

위의 설명은 제가 3년간의 예비 기간을 어떻게 보냈는지에 관한 대략적 내용을 담고 있습니다. 제가 찾아서 한 모든 일들과 그에 대한 모든 준비는 장로교 선교부에 도움이 되었습니다. 이 3년의 기간 동안 저는 아마도 선교부 정회원과 같은 방식으로 보냈을 것입니다.

ɔ.

그럼에도 만약 그 공식 문서에 1931년부터의 퇴직이 명기되는 것이 가장 좋을 것 같다면, 저는 3년 동안 다음과 같은 일이 있었음을 언급하고자 합니다.

저는 단지 세 번의 휴가만을 보냈습니다. 8년 이후인 [1920]년의 휴가는 37년 혹은 40년 만에 맞는 4번째 휴가인 셈입니다. 5번째 휴가도 그때 보내게 될 텐데, 그래서 저는 3년 가운데 2년은 제하고, 1년을 채우게 된다고 말할 수 있습니다. 만약 우리가 지금 집에 가서 1년 더 머무른다면(1928년에), 그렇게 1년을 더 채우게 될 것이고 단지 1년만을 남기게 될 것입니다. 사실상 아무런 대가 없이 선교회에 헌신한 저의 첫 3년은 아마도 이 누락 기간을 충당할 것입니다.

저는 1903년에 6개월간 유럽을 다녀온 적 있다는 말씀을 덧붙이고 싶습니다. 이 기간을 보충하기 위해 저는 1929년 여름까지 휴가를 기꺼이 연기할 수 있음을 말씀드립니다.

저는 직장에서 병가를 낸 적도 없다는 사실을 더 말씀드려야겠습니다. 한 달은 제가 여태껏 예비해 둔 기간 중 가장 긴 시간을 충당할 것입니다. 만약 제가 9년 내내 볼 수 없었던 어린 아들이 집에 없었다면, 저는 정말 가고 싶지 않았을 것입니다. 집으로의 귀환보다는 1년간 돌아와 있는 것이 최선의 방안이라고 당신이 생각한다면, 저는 당신의 결정에 기꺼이 따를 것입니다.

가능하다면, 선교부에 공평하게, 1929년 5월이나 6월에는 명예퇴직하고 싶습니다.

제 일에 대한 당신의 배려에 감사드립니다.

진심을 담아.
제임스 S. 제일

1925년 10월 20일 [서울, 조선(한국)]

친애하는 게일 박사님께,

8월 31일 자 박사님의 편지를 매우 관심을 기울여 읽었습니다. 저는 선교부 연례 회의록이 검토되는 위원회 회의가 끝날 때까지 그것을 보류해야만 했습니다. 다음의 조치가 불가피함을 말씀드리게 되어 유감입니다.

"선교부 회원이 명예퇴직할 자격이 되는 날짜는 위원회가 임명한 자에 의해 계산되어야 하는데, 본부는 한국 선교부의 연차 회의록 부록에 기재된 요청은 따른 방법이 명확하지 않음을 유감스럽게 생각합니다." 퇴직 규정에는 선교사가 사실상 정식 선교사로서 외국 선교부 본부에 속한 기간이 명시되어 있어야 합니다. 단, 선교사가 정기적으로 임명된 선교사로서 본부와 관련이 없는 모든 기간은 제외됩니다. 본부는 선교부가 언급한 사례 외에 상당수의 다른 사례에 적용되는 선례를 만드는 것은 부적절하다고 생각합니다."

앞서 말한 당신이 명예퇴직을 받을 자격이 있느냐는 질문과는 별개로, 건강 문제나 다른 결정적인 고려 사항이 없음에도 66세의 한 남성이 평생 해온 일을 그만두는 것이 좋을지 걱정됩니다. 저는 오랫동안 친애했을 뿐 아니라 박사님의 사역을 존경했던 동료 형제로서 진심을 담아 편지를 쓰고 있습니다.

저는 "구운몽"이라는 멋진 책을 받게 되어 기쁩니다. 정말 매력적

인 책이라 여겨집니다. 제가 유럽에서 회의를 마치고 돌아온 이후로
시간에 대한 중압감이 너무 심해서 아직 그것을 다 읽지는 못했습니
다. 그러나 그 책은 저의 깊은 관심을 불러일으켰고, 당신의 다른 작
품들 역시 그 안에 깊은 문학적인 매력을 품고 있다는 것을 확신하게
되었습니다.

당신과 게일 부인께 따뜻한 안부를 전합니다.

애정을 담아서,

아서 J. 브라운

1927년 8월 1일 [86 K…거리…. 온타리오]

친애하는 브라운 박사님께,

　우리는 이곳에서 추억으로만 남아 있는 한국의 여름을 떠올리며 캐나다의 기분 좋은 8월의 상쾌한 공기를 만끽하고 있습니다. 오늘 오전 저는 [포아와 볼드윈의 환영….]을 읽었는데, 서울에서의 작별을 고하기 위해 후작과 자작, 남작들뿐만 아니라 친절한 [중국인] 노인분들이 정거장에 나와 우리를 배웅했던 장면이 떠올랐다고 말씀드리고 싶습니다. 무텔 대주교와 프랑스와 독일인 친구들도 그곳에 나와주었고, 부총독은 총독으로부디의 메시지의 선물을 들고 그곳에 와있었습니다. 저와 각별했던 회원들과는 이미 평양에서의 연례 회의에서 만나 작별 인사를 나눴더랬죠.

　저는 당신이 친절하게 보살펴 해결해주었던 문제들을 손에 들고 집으로 귀환합니다. 아내의 병환은 수년간 지속되었고, 그로 인해 그녀는 돌아갈 수 없을 것 같습니다. 해가 갈수록 여름과 겨울의 극한은 [판독 불가] 점점 더 거세지고 있습니다. 현재 호주에서 휴가를 보내고 있는 세브란스 가(家)의 맥라렌 박사는 그녀의 주치의였고 최선을 다했습니다. 며칠 전 아침 켈로리아에서 그녀는 희망찬 걸음으로 산책을 나섰지만, 우리가 목적지에 도착했을 때 즈음엔 쓰러져서 택시를 불러 데려와야만 했습니다. 이곳에서의 변화 때문에 그녀는 기운을 차려가고 그녀는 때때로 아주 좋아 보입니다. 그녀는 원래 매우 활기차고 생기 있던 사람이었는데, 신경증인지 혈액(순환) 장애인지는 분명치는 않지만, 지금은 많이 힘들어하고 있습니다.

아내의 건강 이외에도 저는 돌봐야 할 어린 자식들이 있습니다. 이제 열여섯 살이 된 아들 조지는 여덟 살짜리 어린 여동생을 한 번도 본 적이 없습니다. 우리 가족은 거의 8년 동안 떠나 있었고, 지금 저의 소망은 남은 생애 동안 가족들 모두와 함께 지내는 것입니다.

가족 문제가 없었다면 저는 결코 한국을 떠나지 않았을 것입니다. 왜냐하면 한국에는 나의 집과 나의 사람들이 있기 때문입니다. [따라서] 저는 제가 살아있는 한 글을 통해 그들을 위해 일하고 싶습니다.

휴가가 끝나면, 제가 토론토 YMCA 대학 위원회에 의해 미국 장로교 선교부에 파송되어 사역하도록 임명된 지 40년이 됩니다. 우리는 알렌 박사와 언더우드 박사가 선교 일정을 확정하기 전에 그들에게 편지하고, 1888년 12월 저는 서울에서 그들과 합류했습니다. 제가 참여했던 구체적인 일을 다 언급하지는 않겠습니다. 다만, 1889년에 저는 언더우드 박사를 도와 사전 편찬 작업을 했고, 1890년에는 소년 학교를 맡아 운영했으며, 1891년에는 마펫 박사와 함께 만주와 북부 지역을 오랫동안 여행했습니다. 제가 아는 한, 처음 3년이 본부가 선교사들에게 가장 많은 비용을 제공한 해라고 말할 수 있습니다. 이 기간은 선교사들의 준비 기간이었는데, 이 시기에 모험적 일은 진척이 더뎠고, 경비는 많이 지출되었습니다. 저는 저 스스로 준비 기간을 책임졌습니다. 본부는 그들에게 아무런 비용을 들이지 않았지만, 본부는 그들 모두로부터 충분한 결과를 얻었습니다. 임명되던 당시, 저는 이미 일의 모든 책임을 맡고 있었습니다. 제 자랑을 좀 해 보겠습니다. 업적에 대한 다른 자랑거리들을 듣는 것은 싫지만, 제 업적을 자랑하는 일은 싫증이 나지 않는군요. 1892년 초 본부가 저를 임명했을 때 저는 이미 일요일 아침 설교를 하고 있었고, 저는 그해 3월 17일까지 [설교를] 계속했습니다. 다른 외국인 선교사들을 제쳐두고 한국인들만을 위해 설교했습니다. [판독 불가] 여러 번 말씀드렸지만, 그들은 올해까지 나를 꽉 붙잡았습니다. 이것은 제가 처음 3년 동안 어떻게 준비 했는가를 말해줍니다. 그러나 저는 정말 [뽐낼] 일이 전혀 없습니다. 다른 사람들이 최선을 다한 것처럼, 저도 최선을 다한 것뿐입니다. 많은 사람들이 저보다 더 열심히 했습니다. 한영사전의 제3판을 완결했는데, 3판에는 2판에는 없던 3,5000개 단어를 추가했지만, 지진으로 인해 많은 부분 소실되었습니다.

이 사전은 [6월] 현재 출판작업에 들어갈 예정이며, 편찬에서 출판까지 거의 3년이 더 소요될 것으로 보입니다. 저는 이 일을 아직 3년은 [판독 불가] 더 해나가야 할 것 같습니다. 최선을 다해 [판독 불가] 대부분 마친 작업을 보고, 본부는 내 편찬 작업을 완료해야 한다고 생각할 것입니다. 저는 어떤 명예도 바라지 않지만, 본부가 제가 제일에 있어 최선을 다했다고 생각했으면 하는 바람입니다. 게다가 저는 본부에서 37년간 사역했고, 병가를 낸 적이 없으며, 현재의 휴가를 포함해서 단 네 번 집을 방문했습니다. 선교회 역시 저와 같은 생각이고, 마펫 박사는 작별 인사에서 "본부가 업무적 이례성보다는 당신의 공로를 충분히 인정해주길 바랍니다."라고 말했습니다. 본부의 관계자들께서 부디 허락해 주셨으면 하는 것은 상황이 인정되는 대로, 제가 한국으로 귀국하는 것을 면제받고 연금이 지급되는 것입니다. 저는 선교사로서 저축한 돈이 전혀 없습니다. 모든 돈은 필요한 곳에 사용되었습니다. 제 연금에 관한 본부의 승인을 받기 위해 제가 할 수 있는 일이 있다면, 저는 기쁘게 그 일을 하겠습니다. 저는 브리티시컬럼비아주의 빅토리아에서 살 수 있는 허락을 요청할 생각이었습니다. 요코하마 옆에 있는 지부에서 저는 동양인들과 교류할 수 있고, 여전히 한국기독교문학협회에서 하는 문학작품 작업에 참여할 수 있지만, 저는 제 아들이 중학교 교과과정을 마칠 때까지 아들을 영국에 데려갈 수 없습니다. 이런 측면에서 제 아내가 10월 26일 떠나는 증기선 엠프레스 [판독 불가] 호를 타고 영국으로 갈 수 있다면, 제가 그 여비를 지불하고 싶습니다.

이러한 사안에 대해 고려해 주시고, 제게 가장 좋은 방안을 결정해 주시길 바랍니다. 한국을 떠나는 것은 가슴 아픈 일이지만, 어쩌면 한국을 떠나는 것이 일을 더 손쉽게 하는 것일 수 있겠네요. 동아시아 문제에서 가장 주목되는 것은 중국이 격앙되어 있다는 사실입니다. 그리고 이 일은 한동안 해결되지 않을 것 같습니다. 문제는 아버지의 심판에 대해 아무 것도 모르는 새로운 세대가 나타났다는 것입니다. 하지만 그것에 대해 서양도 아는 바가 없을뿐더러, 동양이나 서양 모두 마찬가지입니다.

신세대들은 아버지의 기록을 읽을 수 있거나, 그의 도덕적 기준, 이상, 종교, 문명을 알지 못합니다. 사실 그 세대 [판독 불가]는 동양에 대해 아무것도 모릅니다. 당신은 신세대들이 영화, 번역된 [판독 불가] 소설 또는 신문을 통해 알게 되는 것 이외에 서양에 대해서 아무것도 모른다는 것을 알게 되실 겁니다. 지금 우리는 동양에 형제들이 있습니다. 지난 세대들을 달래야만 했던 저의 수년간의 경험처럼 언더우드, 아펜젤러 그리고 다른 젊은 선교사들을 생각할 때면 [판독 불가], 특별히 어려움에 있는 그들을 향해 나아가고 싶은 마음이 간절히 듭니다. 지금이 제가 한국을 떠날 적기라고 생각합니다. 제가 떠나려고 하는 것은 훌륭한 선교의 모든 결실과 함께 기성세대는 사라졌거나 빨리 사라지고 있기 때문입니다. 새로운 세대는 선교현장에서 이전에 경험해 보지 못했던 복잡한 현재의 문제에 직면하고 있습니다.

편지가 길어져서 죄송합니다. 너무 신경 쓰지 마시고, 당신이 좋은 방안이라 생각하시는 것을 결정해 주시기 바랍니다.

진심을 담아서,
제임스 S. 게일,

─추신
브라운 부인에게 안부 전해 주시길 바랍니다. JSG

1928년 1월 21일 [영국, 배스, 14 파라곤]

친애하는 브라운 박사님께,

12월 2일에 도착한 친절한 편지에 감사드립니다. 편지를 받고 저는 안도감을 느꼈습니다. 최근 위원회의 결정에 비추어 볼 때, 저는 병든 아내, 열여섯 살의 아들, 그리고 아홉 살 딸의 미래에 관해 어떤 결정을 내려야 할지 망설이고 있었습니다. 하지만 당신이 말했듯이, 제가 세워 놓은 계획에 따라 자유롭게 실행할 수 있게 되었습니다. 따라서 저는 1,800달러의 37/40 정도의 돈으로 계획했던 일을 하려고 합니다. 제 마음은 지난 40년과 마찬가지로 한국을 향해 있지만, 제 아내나 아이들을 데려갈 수도 없고 삶에서 중요한 시기에 있는 가족들을 떠나는 것은 큰 잘못일 것입니다.

영국에 있는 동안 저는 집에서라도 어떻게든 글을 통해 장로교 선교 활동을 돕고 싶고, 기회가 되면 디목 부인에게 제 글들을 기사로 보낼 것입니다.

제 아들 조지는 학교에서 기독교 교육을 잘 받았고 유능한 선생님들에 밑에서 철저히 훈련받았지만, 지금까지도 여전히 집과 가족 곁을 떠나 있는 슬픔을 전하고 있습니다. 이곳 배스(Bath)에서 우리 가족은 20일 동안 그와 함께 단란한 시간을 보냈는데, 그 시간은 우리 모두에게 가장 행복한 경험이었습니다. 조지는 어제 그의 학교인 몽크톤 컴베(Monkton Combe)로 다시 돌아갔고, 알렉산드라는 에르미타

주라고 불리는 여자 학교에 있습니다. 그곳은 불운한 시인 채터턴 (Chatterton)의 예전 고향입니다. 그곳에는 약 70여 명의 여학생이 있는데, 아마도 채터턴 보다는 행복할 것입니다.

베스는 역사적으로 매우 흥미로운 마을입니다. 로만, 색스턴, 노르만 양식 모두를 이 마을에서 볼 수 있는데, 문걸이와 벽의 놋쇠는 18세기와 19세기 양식으로 장식되어 있습니다. 채텀 월버포스, 골드미스, 시든스, 개릭, 게인즈버러, 리빙스톤, 넬슨, 디즈레일리 등입니다. 저는 종종 길을 걸으면서 "이러므로 우리에게 구름 같이 둘러싼 허다한 증인들이 있으니"[9]라는 성경 본문을 떠올립니다.

당신의 친절한 추천서에 감사드립니다. 저는 그것을 사용할 기회를 찾아보겠습니다. 지금까지 저는 이곳 노회 회원들과 친분을 쌓지 않았고, 우리가 사는 곳 바로 맞은편 교회에만 출석했습니다. 그 교회는 담임목사가 없는 상태입니다. 이 교회의 이름은 트리니티 장로교회이며 헌팅던 백작 부인(the Countess of Huntingdon)에 의해 1760년에 지어졌고, 조지 화이트필드에 의해 창립되었습니다. 1760년에 웨슬리 목사가 이곳에서는 설교한 적이 있습니다. 그럼, 브라운 부인께 저와 제 아내의 안부를 전하며 편지를 마칩니다.

진심으로 감사드립니다.

제임스 S. 게일

---

9 본문은 히브리서 12장 1절에 있는 말씀이다.(역자 주)

1928년 3월 6일 [16, 파라곤, 영국, 베스]

친애하는 게일 박사님께,

12월 22일에 보낸 제 편지에 답신으로 주신 1월 21일 편지를 잘 받았습니다. 박사님께서 제가 편지에 제안한 방식대로 명예 퇴직자 명단에 포함되고자 하신다는 요청을 확인하였습니다. 저는 복잡한 여러 문제들을 포함한 새로운 연금 계획을 손보고 있는 특별 위원회의 보고가 있을 때까지 조치를 연기해야 했습니다. 주요 문제들은 이제 해결되었고, 곧 본부 서한으로 모든 선교부에 보내질 것입니다. 한편, 어제 있었던 본부 회의에서는 박사님의 의견대로 하는 것이 필요하다는 데 공감이 있었습니다. 박사님의 휴가는 7월 15일에 종료되지만, 37년간의 사역에 대한 연금을 보장하기 위해 다음의 조치를 취했습니다.

한국 선교부에 속한 게일 박사와 게일 부인의 주택과 자녀 수당이 지급되는 휴가는 7월 15일에서 8월 31일로 연장되었습니다. 휴가종료와 함께 게일 박사는 본부와 관련하여 37년간의 선교 활동을 완료하고 그의 요청에 따라 연금 1800달러 중 37/40을 받는 명예 퇴직자 명단에 오르게 될 것입니다. 아서 J. 브라운 총무가 12월 22일 보낸 편지에 대해 게일 박사는 지난 1월 21일 편지에서 "개정된 연금 계획 대신 이 계획을 선택하기로 했다."라고 답변했습니다.

친애하는 게일 박사님, 저는 당신과 지속적으로 연락하며 지내길 바랍니다. 박사님과 게일 부인은 항상 이 사무실에 친구가 있다는 것을 기억하셨으면 합니다. 우리는 두 분을 사랑하며, 우리의 지속적인 관심이 있다는 것을 기억하시기 바랍니다. 우리는 박사님께서 한국에서 행한 모든 사역에 대해 하나님께 감사드립니다. 사실 저는 박사님께서 마지막 3년을 더 채우기 위해 한국에 귀환하는 것을 택하시기를 바랐습니다.

두 분께 저와 제 아내의 진심 어린 안부를 전합니다.

애정을 담아서,

아서 J. 브라운

1930년 10월 16일

맥어피 박사님께,

　나는 당신의 관심과 영향력을 필요로 하는 수많은 사안으로 인해 매일 아침 당신의 책상이 얼마나 채워질지 눈에 선합니다. 그래서 나는 주요 요직인 본부 총무로 임명된 것에 대한 축하와 축복의 말씀 전하는 것을 잠시 미루고 있습니다. 나는 당신께서 그 임무를 맡을 준비가 얼마나 잘 되어있는지, 그리고 그 임무를 얼마나 잘 수행할 것인지 잘 압니다. 오랜 세월 동안 당신의 선교적 관심이야말로 단지 요구되는 경험일 뿐입니다. 당신의 자상한 마음과 전통 교리에 대한 믿음이 소박한 우리가 매일 생각하고 기도하는 한국의 소중한 동료들에 축복을 내려줄 것입니다. 나의 기도 시간인 새벽 7시에는 생각을 더욱 집중하기 위해 한국을 표시해 놓고, 내가 "이 사람, 이 사람, 이 사람, 그들 모두에게 복 주소서."라고 말하며, 상상 속에서 그들 모두가 사랑하는 주님 앞을 지나가는 것 모습을 보곤 합니다. 매일 아침, 5시부터 6시까지 나는 내가 그들과 말할 수 있는 거리에 있고, 그들의 목소리를 들을 수 있다고 느끼기도 합니다. 우리가 이렇게 서로에게 연결되어 있는 것은 삶의 기쁨입니다.

　지난날 우리가 뉴욕에서 만났던 일은 정말 행복한 기억으로 남습니다. 우리가 가진 몇 번의 만남은 각별히 감사한 것으로 기억되는데, 지금 당신이 한국과 본교회 그리고 소중한 사람들을 하나로 묶는 연결고리가 되어 준 것을 생각하면 큰 기쁨이 됩니다. 영국에 있으면서 우리는 오고 가는 사람들에게 일종의 중간 거처라고 여기고 있으며, 그들을 맞이할 수 있어서 매우 기쁩니다. 우리는 방금 수많은 영사와 영사 대리인들의 어머니이자 할머니인 스크랜튼 씨를 맞이했었습니다. 그녀는 M.E. 선교회에 있었고, 제가 42년 전에 한국에 도착했을 때 한국에 있었고, 여전히 젊고 활동적인 모습을 유지하고 있습니다. 허스트 가족과 그 집 사람들은 여기에서 우리와 함께 있었습니다. 지난달에는 성공회 선교회의 트롤로프(Trollope) 주교가 나흘간 우리와 함께했습니다. 우리는 지금 왔다 갔기 때문에 다른 사람들을 찾고 있습니다.

나는 여기에서 참여와 도움을 주려는 많은 전화를 받았습니다. 내가 오랫동안 워싱턴 D.C. 주일학교의 선교사였다는 것에 설렙니다. 나는 최선을 다해 주일학교 선생님들을 돕고 싶고, 그들을 위해 말씀하셔서 그들이 쉴 수 있도록 해주십시오. 우리의 선교 집행위원회의 요청으로 나는 한국에 관한 책을 쓰려고 노력하고 있지만, 그 과제는 많은 어려움에 직면해 있습니다. 나는 노력할 것이지만, 차라리 당분간은 이 일에 힘쓰다가 나중에 보고하려고 합니다.

가족의 일원으로서 당신과 맥어피 부인께 사랑을 보냅니다.

진심을 담아서,
J.S. 게일

원문

Mar. 31st, 1892 [United States Legation]

Dear Dr. Allen

I understand from Mr. Heard that according to American law, marriage with one of another country is only valid when solemnized in the presence of a consular office.

I am to be married on Thursday next (April 4th) with Mrs. Heron. Might I ask if you would kindly consent to be present at Mr. Gifford's at 1:30 pm that day as officer for the United States government.

We are to be married in a quick way with only a few friends present which accounts for the short notice that I have given you.

With a hope that you will kindly consent to be present.

I am

Yours very sincerely,
Jas. S. Gale

Apr. 3rd, 1892 [Kon Tang Kol]

United States Legation

My Dear Dr.

You may have been notified already of a change in the hour for Thursday from 1:30 as I said to 12:30. I hope this may be no inconvenience to you.

Would you kindly let me know the fees for registration (marriage) and I shall send [them] beforehand.

Very sincerely yours

Jas. S. Gale

Oct. 23rd, 1899 [Seoul Korea]

The Hon. H.N. Allen

U.S. Minister to Korea

Dear Dr. Allen

Tonight the Seoul Station convened and adopted the report of the Committee that was appointed on the 18th to look into the matter of the sale of the Whiting & Wambold property to the Emperor. The report of the Committee was:

"The Seoul Station having recently had its attention called by the U.S. Minister to the desire of the government of His majesty, the Emperor of Korea, to purchase the property now occupied by Miss Whiting and Miss Wambold and remembering the informing kind and mutually helpful relations that have prevailed between His majesty's government and the members of the Mission, it is with extreme reluctance that we find ourself unable to give an affirmative reply. The purchase of this property would of necessity involve the further purchase of the compounds of Dr. Underwood and Dr. Miller, and this would raise problems connected with our entire work in the Western part of the city of which we can at present see no solution, problems which we regret to state would seem to render it impossible for us to return a favorable reply which we should very much like to give."

While this is the answer of Seoul Station, I am at liberty to say that I by no means represent the whole mission. The best time to present the matter for the Korean government would of course be at our Annual meeting, but it means a year's waiting.

Very sincerely yours

Jas. S. Gale

Sec. Seoul Station

Aug. 18th, 1900 [Seoul]

The Hon H.N. Allen, M.D. United States Minister

Dear Dr. Allen

I have just received your communication of 17th with copy of Mr. Moore's letter, both of which I shall lay before the mission at its coming meeting next month. I trust that as a mission we may be able to take some action that will forever prevent in the future, anything so disgraceful.

Very sincerely yours

Jas. S. Gale

Sep. 7th, 1900

Dear Dr. Allen,

Your letters of 5th received, I have placed them with the others and will bring them before the Mission meeting together . Kindly pardon me if I repeat what I said to Mr. Moore as he quite misrepresents matters in his letter to you. I said that his letters "were an insult to his government; and a disgrace to our mission, and that I for one believed the mission would ask his recall and that I would vote for it." He himself put the personal interpretation in it. I trust we may get the matter straightened out in just the time you mention, and that we as a Mission may do our duty.

Very sincerely yours,
Jas. S. Gale

Sep. 24th, 1900 [Pyeng Yang]

The Hon. H.N. Allen M.D.
United States Minister
Seoul, Korea

Dear Dr. Allen

Accompanying this is the report of a committee unanimously adopted by the mission, with regard to Mr. Moore's matter. There is but one mind in the Mission, namely, that we must be most careful and considerate in regard to the laws and customs of this land, and that any member who cannot see his way clear to get in without causing embarrassment in the office of the minister, will find a request for his recall go to the Board.

Mr. Moore has given an unqualified promise for the future and this Mission trust that he may be faithful to it.

Very Sincerely yours,
Jas. S. Gale Sec. Pres. Mission

Jan. 10th, 1901

Dear Dr. Allen

Miss Doty I believe sent a note yesterday in which she said she had mentioned my being able to explain. The nature of the persecution she was being put to by a man named Shin Chung Ho. I happened to be over in that neighborhood teaching a class in the school when a call came from Miss Doty to come. I went out and found her on the hill confronted by this man who had terrified her workmen and sent them off and was there shouting his insults at the top of his voice to attract all the neighborhood. He is little - better than a coolie and certainly is the most insolent Korean it has ever been my luck to [illegible]. It seems he has been making it unacceptable for Miss Doty for some time so I thought I'd send this to explain a little more fully what she has been suggested to.

With kindest regards
Very sincerely yours
Jas. S. Gale

Feb. 21st, 1901

Rev. J.S. Gale Seoul, Korea

My Dear Mr. Gale:

I have to acknowledge with thanks your two letters of Dec. 1st., and 28th., one in regard to the disturbances which I am happy to believe are now all settled, the other relates to the Chung Dong property the sale of which has been authorized by the Board, and the fact cabled to the Mission. I have already written of this.

Considering the large amount of buildings to be erected, both in Korea and in China, within the next two or three years, we are thinking of sending out an architect. Possibly he would take up Korea first, as China is not altogether open. It is desirable if possible to send someone to take hold of this work earnestly, as otherwise each missionary will be tempted to leave his missionary work and give his time to this, and it will involve the lost time of four or five missionaries; besides complaint has sometime been made by those who spend a year or more merely in out-of-door business, that it interfered not only with their language study, but with their missionary work. I think we shall have to come up a pretty clear division of labor; Mr. Lee has done the building up North, out he has had enough of the grace of God to see well retain his earnest interest in all kinds of purely missionary work.

I would be glad of your views on the whole building [question], also on the question relating to the new hospital.

I hope you are hearing good news from Mrs. Gale and the children. I have not heard from them for some time.

Yours sincerely yours,

F.F. Ellinwood

P.S. What has become of Eui Wha, and what are his political standing and outlook? We heard that he was in San Francisco not very long ago, having come back from Japan.

June 22nd, 1901 [Seoul, Korea]

Dear Dr. Brown:

Mr. Gordon the architect has landed here and we have held a station meeting in order to provide work for him and to use to the best possible advantage his time when here. Among other resolutions passed at the meeting was the one -

"WHEREAS it is necessary to erect at once a house for Mr. Miller at Yun Mot Gol and WHEREAS it seems expedient to utilize the services of Mr. Gordon at once in this direction, and WHEREAS about 3700 yen are now available from the $10,000, recently forfeited by the Government. And whereas Doctor Brown has hardly approved of the site chosen for the this house, therefore RESOLVED: That Seoul Station feel warranted in proceeding with the erection of this house although its site has not yet become Board property"

The Station has taken a certain amount of [liberty] in using your name and yet it felt that knowing as you do the whole situation a word from you to the Board will do to give a clear idea of the lay of the land than much correspondence otherwise. The sale of Chong Dong property has fallen through for the present, also the gift of land for the Hospital site, so that all Mr. Gordon can do at present is Miss Wambold's house and this one of Mr. Miller's. By the time that these are under way, we trust that a Hospital site will have been secured and that work can be begun on it.

My house is just about finished. Mr. Gordon has viewed it carefully and pronounced it good for the amount paid for it. I am sure that his help will be of great value in the matter of building. A letter from the Board May 7th., 1901 has record of the following:

"Letters were presented to the Committee addressed to Dr. Ellinwood from Messars. Gale [and Miller] and Moffett, referring to the building of a house for Mr. Miller on property in Yun Mot Kol rather than on the new compound.

It is recommended that the matter be referred with power to the Seoul Property Committee with Mr. Gordon it being understood however that the house shall be located upon property belonging to the Board."

So the desire of the Station was to make clear to the Board that there is no suitable property to build on except the piece lying between where I have built, which is Board property, and Miss Doty's School, which is also Board property and as the part proposed to build on for Mr. Miller all told only costs 600 yen about and completes the ridge of the hill making the compounds adjoin one to the other, it would seem most desirable that the part be built on. Mr. Godron has also viewed the land and approves of it as a site. [He] is sending word to the Board by this mail.

Very sincerely yours,
Jas. S. GALE

Aug. 16th, 1901 [Cornwall, Conn.]

Rev. J.S. Gale
Seoul, Korea

Mr dear Mr. Gale:

I thank you for your good letter of June 22nd relating to the Miller's house and the Board action regarding it. I take it granted that my colleagues have answered your letter in my absence, but I wish to thank you personally for your clear statement in regard to the site. It is not always easy for us to have in the mind's eye the different pieces of property in fifty or a hundred missions stations, especially when so many changes have occurred as in Seoul. The case becomes worse for the fact that the names are so unfamiliar to us. From your letter, I gather that the land on which your house stands is Board property, but that the $800 plot adjoining belongs to Mr. Miller's personally.

I suppose the Board has endorse the station action. I notice that in the discussion about property, the question of higher education in Seoul has remained in the background. In the extracts from Dr. Brown's letters which have been sent to me, he does not speak of the subject. I find that without my stenographer, with my trembling right hand, it is necessary to write briefly, but I shall prize your letters as I have alway have, and I hope that you will tell me not only of the work and the general outlook, but also of the welfare of Mrs. Gale and the children.

Very heartily yours,
F. F. Ellinwood

Nov. 6th, 1901 [Seoul, Korea]

My dear Dr. Ellinwood

I am only now in a position to report on the examinations that were held before our annual meeting. Mr. Hunt and Mr. Ross have passed their third year. Mr. Hunt, who is very capable made a better mark than Mr. Ross whose average in oral was 66 2/3% and Mr. Miller 67 1/4%. In the second year Mr. Sidebotham, Dr. Sharrock and Mr. WElbon all passed. Mr. Sidebotham making 99% in his oral and 85% in his written. Mr. Sharrocks made 70% in his oral and 63% in his written. Mr. Welbon made 65% in his oral and 67 1/2 in his written. In every case 60% was required to pass so [ ] some of them had not a great deal to spare.

As for first year, they showed this

Miss Howell oral 65% written 68 ½%

Miss Snook. oral 73 ⅓% written 72%

Mr. Leck oral 83 ⅓% written 89%

Mr. Bernheisel oral 86 ⅔% written 94%

Mr. Sharp oral 76 ⅔% written 91%

Mr. Welbon oral 53 ⅓% written 67%

Mr. Welbon failed his oral. We think that this year when he is settled that he will make up the loss and do well next year. We have also had [papers] from Mrs. Sharrocks, Mrs. Leck & Mrs. Ross. Their papers are [not yet] examined fully [but] oral they stand these Mrs. Sharrocks 80%, Mrs. Ross 85%, and Mrs. Leck 66 ⅔%. Mrs Leck has been in the field only one year and has been ill during a part of the time so that she has really done very well.

Dr. Wells tried his third year again and failed. He simply cannot learn anything about the language systematically. He does good work and manages to get along in his conversation. He and Dr. Vinton are much alike in their difficulties with the language, both doing good work however in spite of this defect.

At a meeting of the Station the other day we were confronted by an emergency call from the doctors that the [Morris']s return home. Mrs. Morris, it seems has been in failing health for some time though I did not know it - specially[sic] as she is always [deliberate] on examination by Dr. Baldock, a very capable English physician, Dr. Avison, and Dr. Field there were [illegible] of the first stage of [pho...sion] and so they are going home. This leaves Seoul Station desperately [bad] off. With thousands, yes nearly half a million in and outside of the walls we are evangelizing all parts of the country and yet not [touching] them. I am more and more impressed with the fact that this place is worth an honest [illegible] evangelistic effort, and that we must have at least one other man worker whose first duty is to reach the masses in the city. Seoul, as far as I know the history of the work, has always come in for the little side efforts that people are able to [give] when other work is done. Some of us with Bible [translator] newspaper and a thousand [illegible]call for school and [journal] mission work are expected to [illegible] in spare [illegible] and we hope will be the case before many years go by. The Miller's property along with the Field's in [illegible] ridge of the hill and gives room enough to build. [These fields in] gray are held of some parties who desire to ge a "squeeze' but in the end I think that they will sell for a reasonable amount. I went over the [whole] most carefully with Dr. Brown and I can assure you that it [illegible] a few pieces of property to [live and] most desirable for mission purposes. Buying land is a great trial at any time but especially now for the government has issued an order that no [illegible] shall be sold to Western people. Mr. Miller of course secured his land last year and holds it in his name. We are delighted to hear that Miss Ackles is coming out soon. A whole city of women for evangelical work awaits her here and from the day she lands her hands will be full. The fact that she has a knowledge of Korean makes such a difference in the prospect.

Pardon this kind of hurried [disjointed] letter but it will perhaps throw some light on the situation. Before closing I may say that because of famine of rice in this region there is already signs of unrest. Never since my coming to Korea has there been such wholesale robbery as is going on these [nights]. The government treasury is empty, but they seem to pull along and be merry in spite of it all. I saw in this morning's nation paper that there was in the Treasury department just 1300 dollars Amercans goes with no prospect of any coming in.

The government has shipped in a great quantity of Anam ricel and it is now being sold in the market. The people dislike it very much and only eat it because they can get nothing else.

With Kindest regard from us here,

Very Sincerely yours,

Jas. S. Gale

Nov. 8th, 1901

Rev. J.S. Gale Seoul, Korea.

My Dear Mr. Gale:

I was glad to get your letter of Sept. 27th., in regard to Mr. and Mrs. Moffett, and also to learn something of the Council.

We are very glad that you have been well pleased with the new missionaries who were sent out to you. I hope they will prove to be of the aggressive and enthusiastic class, men who will make their mark upon the communities in which they are located, as the years roll on. We ought to witness enlargement in all directions, and in all departments of our work, literary, educational, evangelistic, medical, and if the young men on their arrival out are inspired by a communicable enthusiasm, and made to feel eager for some active part and some appreciable and tangible harvest of souls, nothing can prevent the rapid expansion of the Church of Christ in Korea; and over against it and as a result of it, the great enlargement of influence in the churches of Christendom. The Korea Mission is a joy to me, but I am never satisfied and am always hoping and praying for greater and greater results.

We have read with the deepest interest your little story of "Happy Ye". I am thinking of gathering up from various mission field incidents and short sketches like this, as proofs of the transforming power of the Gospel in all lands, and among all races. I would be very glad if you would give me other cases which have came under your attention. I think some of your letters from Gensan, particularly the story of your Mr. Kim, were along the same line.

We have not heard in some time from Mrs. Gale. I take it for granted that she is still Switzerland with daughters. We should be very happy to learn other good health and theirs.

Very truly yours,
F. Ellinwood

Dec. 24th, 1901

Rev. J.S. Gale Seoul, Korea.

My Dear Mr. Gale:

The information which you gave us in your admirable letter of Oct. 11th., has stirred up a good deal of feeling at Chicago among the friends of Mr. Pieters. It has seemed to me a perplexing question, and I was a little surprised that the Board in its action seemed to cut it off short as it did by declining to appoint him. I had been thinking that it would be wise, perhaps, to leave the matter to the Mission for further consideration, to appoint him under the circumstances seemed impossible in the face of the Mission action, and all the more as that action had been thoroughly considered and presented by an able Committee of the Mission. I am sorry for the disappointment to Mr. Pieters and his friends, and to the Professors of McCormick Seminary, but we had before us the Mission action and the action also of the Bible Society at whose meeting our references of Mr. Pieters to them was laid upon the table.

I judge from conversations with Dr. Underwood that he would have voted with the Mission had he been upon the field.

Letters received to-day from Korea seem to indicate the probability that the Chong Dong deal with the King may be taken up again as some of the King's buildings have been burned, and he is left in need of such buildings as we have for his use. I hope that some issue will come from the long delayed plans of the King, not only our own houses, but the new hospital. We begin to fear that Mr. Severance may get out of patience awaiting that slow progress of matters in which he is so much concerned.

I thank you for the various items of information which your full letter of Nov. 6th., gave. I am sorry the Government treasury is empty, and we all deeply regret the necessity for Mrs. Moffett's return.

We are glad that a beginning is being made toward the higher grade school, and hope that it may steadily grow to large proportions.

Miss Ackles, as you have learned, is delayed on account of the serious illness of her mother.

The Underwoods seem to be quite well and the Doctor is going a good deal of speaking.

A letter from Hong Kong from Dr. Irvin, leads us to expect daily a visit from him, or at least notice of his arrival in the country.

I hope that Mrs. Gale and the children are well, and that the latter are making commendable progress in their studies. I sympathize with you sincerely in the loneliness which you must feel in their absence.

Very heartily yours,
F. F. Ellinwood.

Jan. 24th, 1902 [Seoul, Korea]

My dear Dr. Ellinwood

We have been interested in getting the last Board letters. The questions you ask show how close you are in touch with the situation here. I am sorry that there are not more definite answers forthcoming to some of them. As for Miss Shield's place in the Hospital, there seems no one as yet in view who can fill it. During Miss Shield's months of work last year she was constantly, you may say, [illegible] the trouble in the hands 'due to surgical work.' She [has it] patiently and was no sooner over the attack than she went bravely to work again. I doubt however if she is ever going to be able to engage in the arduous work of regular Hospital service, and sometimes wonder if she is not thereby being pushed into evangelical work. No one in the field is better demonstrates the quiet [illegible] Christian than Miss Shield. So that even though she could not labor regularly in the Hospital it would be no real loss as the gain in evangelical work would be so advantages. One disappointment at Miss [A] [marriage] is perhaps selfish but we were counting on her giving great help but the Lord has moved it otherwise.

The whole Hospital plant still hangs in the air. The government will not give a clear deed to the present ground and that will forever put a question mark to the building of the Severance Hospital on the present site. No other land is given and none is yet

2. purchased. We have reached a condition of affairs in the matter of real state that is very distressing. The government has decided to register no more land for foreigners and any purchase made must stand or fall on the private title deed which could be easily duplicated and which really is of no value. Possession is becoming the [ten points] in the law in the matter of holding land in the Capital. We shall report any matters of interest regarding the Hospital that may come up.

The sale of Chung Dong property has been in the hands of Dr. Avison and Vinton and remains in the status quo. No word of late and no prospect of any sale for months to come. His majesty is trying to negotiate a land. If that comes to pass he may pay. up but if not, I think we shall remain in our condition of [embarrassment / embankment] indefinitely. He is interested at present in building palaces, one in Seoul and one in each of three other points, (So reported in the Nation papers which report if not true would get the editor into serious trouble) and in being fittingly represented at King Edward's Coronation. His cousin ("H") called the "Fat Prince" whom Dr. Underwood knows well is to go as the Emperor's representative.

The matters regarding Hong Mun So Kol Church are being gradually cleared up by Dr. Avison and Mr. Miller. They have spared no pains to get to the bottom of things and I think we are in a fair way to come to a full knowledge of the situation and an understanding with the native Churches in charge. We are not asking for the deeds of the property to be turned over to us. We ask only that the deeds be registered clear and [above] all suspicion. We ask also that they give to the session the right of veto in all matters that pertain to the spiritual interests of the church and these while not yet [arranged] I think will be as Dr. Avison is doing and has done so much to help clear up this [situation] he and Mr. [Welbon or Miller] being the missionaries at present in charge.

Our Intermediate School is in [touch] in a small way. We have five boys expect another today and hope to get up to ten. That is about enough to handle in our present conditions and with our present force. Miss Doty and Dr. Field take each an hour a day teaching and the lads are interested in their study. I have had four [girdles frames] costing about 75 cents apiece made and one of our Christian [stands] ready to teach lads to make girdles as a means toward providing their own living. As yet we have had no occasion to [woe] them. Girdle making, by the way, is about the only lucrative employment that does not degrade these people socially. I have told them that some of our greatest men and missionaries too were shoemakers but that is a 'sound' that comes from the other side of the world and is not intelligible to a Korean ear who regards a shoemaker, a basketmaker, a butcher, and an [executer] as about equal in their degree of degradation. Mr. E. H. Miller is a bright promising man and we hope the best from him in the matter of school.

Regarding Fusan, I think the [illegible] of the Board's letter is right and that it would be a mistake to give it up. The more I think it over and [new] the situations, the more I feel that it would be a great mistake. Our mission has more interests by far than the Australian Mission there and it seems to be a mistaken policy to desire to give it up. There is plenty of work for both; if the Australian like to remain but as for our pulling out, what advantage would it be?

This week the papers of the Capital publish the census as recently taken and the distribution of the people according to it is as follows:

South Kyong Sang 495,149 persons ([illegible]
North Kyong Sang. 592,278
Kyongsang Province -- Total 1087,427

South Chulla 450057
North Chulla 416463
Chulla Province total 866530 (occupied of South Presb. Ch.)
South Chung Chung 440652
North Chung Chung 272223
Chung Chung Province total 721875

South Pyung An 399075
North Pyung An 404173
Pyungan Province total 803248
Whanghai Proinve total 365761
Kangwon Province total 278288
[Hamkyday] Province total 727216
Seoul (inside of the wall) 193606

-5-

I don't know that these figures will be of interest but they are published as the present census and I give them for what they are worth. One thing is sure Kyungsang is the great province and we are the largest mission most likely to do justice to the work and to supply the needs. I think it is [filling] and right that we hold to that province as a whole.

This is a very hasty letter written in the midst of [among] others but I send it as it is.

With Kindest regards,
Very Sincerely Yours,
Jas. S. Gale

P.S. I get many letters from [England] but they seem all too few & the girls are growing. [Quite] out of my remembrance not in heart but in size, and years.
J.S.G.

Apr. 9th, 1902

Drs. Avison & Vinton, and Mr. Gale,
Local Committee on the New Hospital building, Seoul, Korea.

Dear Brethren:

Since I wrote the letter of yesterday, I have seen the communication recently sent by Dr. Avison to Mr. Hand, and as Mr. Severance happened to be in the office I had a long talk with him in regard to it.

Mr. Severance has a very strong preference for some site for the Hospital outside the city wall where more room can be found and better air, and where some of the sanitary conditions which have been explained to him by one and another in connection with the present hospital site, can be avoided. He feels that it is now highly important in projecting this scheme, to find a good location. He is earnestly hoping that the plan outlined in my other letter can be followed out, and that promptly,

Should it be impossible to find an ample space (Dr. Underwood thinks it is practicable), it will be time enough than to turn attention to the hospital ground and other possible purchases adjacent. It occurred to me in recalling the long history of bickering and [tergiversations] shown [by] corrupt officials in connection with the hospital site, and the uncertainty which has hung over the matter of gaining title, there, that it would be safer to make some simple purchase outside with which the Government and corrupt Government officials could have nothing to do. However, the Committee can judge best.

Very sincerely,
F.F. Ellinwood

Apr. 28th, 1902 [Seoul, Korea]

Rev. J.S. Gale

My Dear Mr. Gale:

I have read your good letter of Jan. 24th., which has awaited my return after some weeks, to my office after sickness and absence, and am glad to know that your sympathize with the views of the Board in regard to Fusan. You would do so still more of you could have read a letter sent from the native Christians there through Dr. Underwood, to the Board, begging us not to leave our spiritual children to the care of others with whom they evidently are not in sympathy. My great concern now is to find a good man in the Mission, one of experience and [illegible], to exchange places with Mr. Ross who is anxious to get away, and I am fully persuaded that it is best for him. He feels that he is overshadowed & that is about [it] by the stronger personnel of Dr. Irwin, and they are men made of a different plan and with different measure. Mr. Ross feels irritated because he thinks his opinion has not sufficient weight in the station councils. Mr. Sidebotham and Dr. Irvin get on very well indeed. Dr. Irwin is criticized by some in the Korean Mission, seriously, but no men has made a better impression than he upon the [illegible] in the last ten years. Dr. Halsey and Dr. Underwood have held an extensive campaign with him, [___ing] him in all conditions and under all circumstances, and witnessed his power with the largest audiences that places] like Cleveland can [illegible]. They speak of him as emphasizing above all the evangelistic work in connection with the hospital and in the [illegible]. He [illegible] so exclusively on this that he had sometimes to be called on by [illegible] in the [audience] to tell them about medical work which he was ready enough to do. It is worthwhile to take his work as the medical [illegible] and build up something by the side of it equally strong in evangelistic power, so [illegible] must find a good man.

I am glad that [we] are able to send three new missionaries, and three women, two of whom are married. We would have been happy to make a large contribution to your force.

The Mission letter which I sent by the last mail will show you what has been done in the case of Mr. Pieters. The [illegibl] Ben-blnary people made a strong appeal for the appointment to Korea, but there was so much opposition generally, and particularly, which appeared from various directions that it seemed unwise to think of sending him back to Korea. There are complications too about getting [illegible] ration papers, unless he remains continuously for a time [illegible] the American flag, and going to the Philippines this this can be done. Then, in view of the fact that he would rather look - as [illegible] thought-- so translating work, there is the consideration that we have two men already at that work, and when if the third should not agree? Two are enough I think for the present, while in the Philippines [re...] need a man of [illegible] habits and aptitude for such work to give us a translation of the Bible in Tagalog and Visayan.

I am both glad and sorry of what you say about letters from Switzerland - glad that they indicate good health of your family, the development of your daughter, but sad to think of the trials it must be for you to be without your dear ones in your home in Korea.

[illegible words] God hasten the time when you may [illegible words]

[illegible words] recent Board letters have shown you with what is being [illegible words] to property matters in Seoul.

[illegible words]

Very sincerely yours,

F. F. Ellinwood

Oct. 7th, 1902 [Seoul, Korea]

Dear Mr. Fenn,

Our mission meeting for 1912 is over and the missionaries are once more back in their fields looking forward to a season of great advance along all the lines of work! First of all, I would say that I am no longer secretary of the mission so that Board letters hereafter will be sent to R. H. Sidebotham-Fusan letters for Seoul Station should be addressed Dr. Eva H. Field. I was most thankful to get out of Secretary work as it means toiling day and night during the sessions. Mr. Sidebotham is an excellent hand and I am sure that all [illegible] will be in good shape this year. I nominated him for the office and so shall feel much pride in knowing that you get everything in proper form at the earliest possible date.

We had the sad affair of doctor Irvin to take up and while I have no sympathy with the first efforts to keep him from the field on seeing the overwhelming expression of opinion against his return, there was nothing to do but decide that it would be best. I feel that in the miserable history of Fusan Station, Dr. Irvin is by no means the only one to blame in fact I feel assured that greater faults lay with others but the present situation is such that his return would be most unfortunate. I have written the Doctor so although I shall always cherish his memory here and think kindly and lovingly of his [cheery] happy ways. I was [illegible] of the [illegible]. That had the matter in hand & I must say it was the most painful duty that I ever had to perform. I only trust that it may be a blessing to Dr. & Mrs. Irvin.

As you will see the Mission recommends the consolidations of Taiku and Fusan into one, looking forward to the opening of a station at Kong-ju in two years or so. There is a vast country lying north and east of Kong-ju that would make such a [illegible] advisable and as reinforcements are now coming surely we do wisely to keep this in view.

Our showing for Seoul Station last year looks very discouraging on the face of it but underlying there are certain encouragements. The year marked the greatest changes that have taken place in the unifying of the work in the cutting off of Hong-Mun-Sat-Kol, an independent church that gave us trouble for years and in clearing the church [illegible] so that we start on new lines and I trust that the advance to be made will more than prove that this was not a year of loss only. The church here had for some years past got [with] a low spiritual condition. The men put forward were not as earnest as we desired them to be and there needed to be a work of house cleaning. In the missionaries that came two years as Messes Sharp & Welbon, we have had such satisfaction. also now Mr. Clark has been stationed here and we go forward hopeful prayerful and got fully conscious of the [tremendous task] of dealing with this great city.

I am making a request that the Board kindly grant me permission to take a vacation next summer of four months at my own expense as Mr. Moffett did this year. My desire is, if permission is granted, to take the Siberian Railroad for Switzerland and spend two months with my wife and family who have been away from me for nearly three years. I recognize the fact that such requests are irregular but frequent attacks of Malaria has also led to the opinion that a short change might be beneficial in the way of health. I should feel most grateful to the Board if they could grant it.

With kindest regards,
Very Sincerely yours
Jas. S. Gale

Jan. 30th, 1903 [Seoul]

Dear Dr. Allen

I am exceedingly sorry for this statement that has come out in the Review. As soon as I saw it this morning for the first time, I was shocked and yet I must take my part of the responsibility. Mr. Hunt telegraphed me to get the documents and then again to help all [problem] I gave the papers to Mr. Han and sent him to Mr. Hulbert expecting of [illegeible] that he would use them carefully. I wrote Mr. Moffett at once this morning. Saying that I was responsible for the [illegible] to the extent of sending it to Hulbert which from the point of view will be the whole responsibility. I shall send the copy of the letter to Mr. Moffett.

Kindly accept my succinct apology for the part I have had in the matter.

Very sincerely yours,
Jas. S. Gale

Jan. 31st, 1903 [Seoul]

Dear Dr. Allen

I called yesterday afternoon to consult you about the appointment of a missionary to attend investigation but not finding you in I wired Pyengyang to Hunt "Investigation ordered at Sinanpo one American to accompany, Minister suggests Moffett Underwood wire preference" As soon as an answer comes I shall send you word. Underwood is going to Whanghai at any rate and would be available if you thought best. He, however, hesitate to go unless Pyengyang request it.

I do trust that the wretched blunder of publication [will] not cause you any further embarrassment. My own idea as I stated yesterday was that Mr. Plancy statements of the Koreans as has already appeared in the local papers might hasten matters and cause us embarrassment, never dreaming that foreigner's names and least of all the Legation would be mentioned. I trust not to make the same kind of blunder again.

Very sincerely yours,
Jas. S. Gale

Feb. 2nd, 1903 [Seoul]

Dear Dr. Allen,

I had a telegram from Mr. Baird in answer to mine saying "Hunt absent will telegraph answer." I came on Saturday night as yet no "further word has come."

Han came to see me today at noon and said he had just been to the foreign office where the understandings had told him that the mission of inquiry had started Friday last (2nd of 1st [illegible]) I do not know that his information is correct but thought best to send you word of it. Also, Han had two telegrams from Haiju, one of which said that the priest had ordered five of the Roman Catholics to proceed to Seoul for the trial. A second wire came saying the five men had run away.

This delay on the part of Pyeng Yang to answer makes it difficult to know what is best. I shall send word later in case word comes.

Very sincerely yours,
Jas S. Gale

Feb. 4th, 1903 [Seoul]

Dear Dr. Allen

Last night a telegram came from Pyangyang reading "Urgently request both Moffett, Underwood at investigation, telegraph date request letter from minister explaining our relation and privileges in investigation (signed) Hunt Moffett.

Underwood and I will call at the Legation sometime this forenoon shortly before twelve o'clock. Do not let this call, however, interfere with other engagements you may have as we simply step over from [illegible] & can come at any other hour as well.

Very Sincerely yours,

Jas S. Gale

Feb. 13th, 1903 [Seoul]

Dear Mr. Gale,

I have received the enclosed note from Mr. de Plancy, requesting the presence of Han Tai Soon at the investigations at Whanghai. I send his note to me along for you to read and return. I hope you may be able to get hold of Han and send him along to Whanghai.

I had another letter from Dr. Underwood today, telling of his arrival and getting into connections with the investigators. It seems he had a little trouble at first and had to show my note, which made everything allright.

I have had a long and interesting interview with the Foreign Minister today. He is a very intelligent and fair-minded man, and our people made a most favorable impression on him when he was Governor of North Pengyang. I had to explain the whole controversy to him and much of the relations of the two churches. He seems to be inclined to lean upon us somewhat as he does not like the inclinations to assume official rank, by the French people. I told him that at present I was not officially working upon the matter, but that my people would make full reports to me and when I had them I would expect him to give me an official report, when I would take the matter up with my French Colleague and I thought we could come to an understanding in the matter.

He promised to telegraph to the Governor of Whanghai to show

Messrs Underwood and Moffett every consideration and let them know fully about all proceedings.

I am very glad to get the two letters from Dr. Underwood today, and you may send this on to him if you like.

Kindly let me know if you can send Han to Whanghai.

Yours sincerely,
[H.N. Allen]

Feb. 14th, 1903

Dear Dr. Allen,

I hasten to reply to your favor of last evening as I happened to be out at that time. Han Chi-Sun (I see the French Minister writes Han Tai-sun but in the Foreign Office wrote it is correctly written Han Chi-Sun) went with Dr. Underwood to Haiju and he is now there ready to give evidence, Mr. Kim told me that Han did not go home but remained in Haiju awaiting the investigation. I am writing Dr. Underwood and enclose your letter which will let him know that you received word from your

I also wrote the office telling him to send as soon as possible to you the official findings regarding the matter.

With very many thanks for the trouble you have taken to get us all out of difficulty

Sincerely yours
Jas. S. Gale

Feb. 19th, 1903 [Seoul]

Dear Mr. Gale,

Last evening I received the following telegram from Drs. Underwood and Moffett at Haiju: - "Inspector says French Minister, through Foreign Office demands release of prisoners on ground of torture. Inspector refuses on ground that men have confessed guilt in court and would flee".

I saw Mr. de Plancy about this and he denies having made any such demand. He said he suggested that the Inspector had better not go to making wholesale arrest lest the people get alarmed and flee, thus preventing a full investigation. He seems to be very much afraid that the Inspector may simply return and say he can do nothing, since he seems to be continually telegraphing in that weak manner to the disorganized Foreign Office. Evidently Ye Ung Ik has power to go ahead and settle the case on the spot. Mr. de Plancy said he had indeed recommended that in cases where death or banishment is to be pronounced as a punishment, the cases should be referred to Seoul for final consideration, but that Ye Ung Ik should settle all minor cases where a beating or minor imprisonment is the penalty.

I have therefore replied by telegram as follows: 0 French Minister has not mentioned torture to Foreign Office. He suggested avoidance of wholesale or unnecessary arrests least the people flee in alarm.

He proposed that Inspector settle minor cases and report capital cases to Seoul. Inspector should proceed without so much telegraphing to Seoul. Foreign Office much disorganized at present. A settlement on the spot much to be preferred to final reference to Seoul".

You may send this letter to Haichu as confirmation of the telegrams as well as explanatory.

The Japan papers, especially the Kobe Chronicle, are reveling in that correspondence published by Mr. Hulbert, and getting all the good they can out of it to the injury of missions, especially to the protestants. It is the worst incident that I have known to happen here in relation to missions. Mr. Hulbert has eclipsed himself in this instance. Had he been a hater of missions he could not have done more - probably not so much.

Feb. 20th, 1903

Dear Dr. Allen

I have sent on the letter to Haiju which came to me from the Legation yesterday. It seems as though everything was done to leave a fair field for the [illegible words] he only has courage enough to do his duty. I am sure that the telegram you sent will more than anything else clear the way.

As regards the Review I shall be free from any connection with future statements regarding the Whanghado troubles.

Very Sincerely yours,
Jas. S. Gale

Mar. 3rd, 1903 [Seoul, Korea]

Dear Mr. Gale

In a very interesting letter just hand from Haichu, Dr. Underwood seems to feel somewhat uncertain about the coming of Mr. Tessier, thinking he will come under the influence of the priests, etc, and reminding me of the fact that himself and Dr. Moffett have no official position.

As I understand it, the sending of Mr. Tessier to Haichu was made necessary by the fact that a Frenchman is charged with certain things, this makes it proper that he should be examined on the spot by one of his officials. No American is as yet directly involved and no American interest has yet been injured, though the [disciples] of American missionaries have been ill-treated and therefore it is wise and proper that our people should be on hand to see that the matter goes no further and to report to me. I do not think therefore that our people will find Mr. Tessier obstructive. I hope not.

I am having a sharp fever and hear you have the same. You have my sympathies. You may send this off in the way that suits you best.

Yours very truly,

[Allen]

Mar. 3rd, 1903 [Seoul]

Dear Dr. Allen,

I am sorry to learn that you are having a turn at this miserable cold and fever that seems to be going the rounds. I trust that its stay will be short. With me it seems to be letting up.

I shall send on this word to Dr. Underwood and shall encourage them to stay right on 'till you think the way is clear for them to leave. According to Moffett's letters, two of which came yesterday, he seems to have doubts of the Inspector and government's standing squarely for their rights.

With many thanks,
Very respectfully yours,
Jas. S. Gale

Mar. 4th, 1903 [Seoul]

Dear Mr. Gale,

I sent Mr. Paddock to Mr. Plancy with a carefully prepared note embodying the substance of the telegram you sent me this morning, and the letter was quite surprised. He explained that Mr. Tessier had stopped proceedings while he went out to Wilhelms house but that he had returned now, and a telegram from him this morning was to the effect that everything had been arranged satisfactorily, -meaning for the holding of an investigation. Mr. Plancy's orders to Mr. Tessier being to bring the whole matter to a full public trial. He said he would instruct Mr. Tessier to confer with Messrs Underwood and Moffett. He also said he would have Mr. T report fully what had been done and again instruct him to bring the prisoners to Haichu for trial. Mr. Plancy knew nothing about the withdrawal of the police but said that Mr. Tessier may have found it necessary to have them leave the vicinity of Father Wilhelm's house to avoid a conflict. In fact one of his last telegrams was to the effect that a danger of conflict had now been averted. As I explained yesterday, Messrs Underwood and Moffett do not have to come into collision with Mr. Tessier. He is there officially because a French citizen is in difficulties. They are there to give moral support to their followers and to report matters to me, since I joined in asking that the matter be brought to trial. At present

I would not be warranted in sending a U.S. official there, and I have none to send at any rate as Mr. Paddock cannot leave.

Yours very truly,

Mar. 4th, 1903

Dear Dr. Allen,

I enclose to you a telegram that came to me late last night. There seems to be a fear on the part of Underwood and Moffett, rightfully or wrongly, that there may be a combination of priests and [secretary]

The message you kindly sent yesterday I have forwarded to Dr. Underwood.

Very Sincerely yours,

Jas. S. Gale

Mar. 5th, 1903 [Seoul]

Dear M. Gale,

I do not think your going to Haichu will complicate matters. I don't see that it can do much good nor do I see that it will cause harm particularly.

I inferred from some rather plain statements of Mr. de Plancey that he regrets certain things Wilhelm has done. At the same time, the position of the government he represents as protector of the church would compel him to secure as favorable a settlement in this matter as possible. Everything he has done however of which I am informed through the Foreign Office and the French Legation, is perfectly proper. If you should go up there and bring me some reports like that of a telegram I had today "Information certainly seemed correct. See letter coming. Avoid mentioning our source of information. Rumor concerning telegrams in letter varified but need modification" &c &c. It would be awkward as I would have nothing definite and would be unable to give source of my information. Another telegram this evening states that Inspector has telegraphed his resignation. I have written Mr. de Plancey of this and expect him to prevent its acceptance. Perhaps it may be well to let our people take a short rest. I fear they see things rather strongly.

Yours sincerely,

[Allen]

Mar. 5th, 1903

Dear Dr. Allen

I have just had a telegram in Korean from Underwood and Moffett which translated runs: "After getting letters, come on this boat; pass Sunday; find out definitely the situation; go back on Monday and report to the minister. This is our earnest desire." I have no idea whether I would be free to go or not, but before going, I desire to know if you think it would be wise or unwise to do such a thing. If I go simply as a messenger to get a full report to you the more quickly would it be likely to complicate matters and do more harm than good? If you think it would make no difference one way or the other, I would consider the question of going through. I don't quite see what use it will be.

Very many thanks for your advice in this matter.

Sincerely ours,

Jas. S. Gale

Mar. 6th, 1903

Dear Dr. Allen,

I had decided after getting your letter not to go to Haiju but this morning while at translation work another wire came saying "Urgent come without fail" signed of Underwood & Moffett. So that I am taking the first train to Chemulpo and shall go if there is a boat leaving today or tomorrow.

Word was brought me last night that you were still ill with a cold & fever. I trust that before I get back you may be fully recovered.

In any case, I shall try to find out just what definite official report they have to make to you and report when I return.

Very sincerely ours,
Jas. S. Gale

Mar. 13th, 1903 [Seoul]

Dear Mr. Gale,

I saw Mr. de Plancy yesterday and gave him much of the information you brought to him about the matters upon which I had not reported to him about the matters upon which I laid the most stress, namely the assumption of magisterial powers by the priests and their extortion of money and punishment and torture of Koreans. I brought this matter up several times and finally left with him a copy and translation of the case reported to the court, that most fully detailed the matter. Had I then had the excellent record you sent me this morning I would have left that also. The other was however sufficient to prove that the practice is and has been a common one. Mr. Tessier reports that he can do nothing owing to the attitude of the inspector. I explained the escape of the two men most wanted who have been supposedly secreted in Wilhelms house. Mr. de Plancy knew of this and said Mr. Tessier was greatly mortified over this escape, but the men were now at large. Mr. Plancy felt very greatly opposed to the demands of the Inspector for troops since soldiers would surely improve the opportunity to loot and create disorders that might well lead to a serious uprising. In this I concur with his opinion. Mr. Tessier reports the Inspector as refusing to bring matters to a settlement, simply confining his efforts to hearing cases. Mr. Plancy says the

Inspector has asked for the recall of Messrs Tessier and Wilhelm and I suggested that it would be well to do so since Mr. Tessier seemed unable to work with the Inspector and Wilhelm was accused of having given refuge to the men most wanted, and had assumed responsibility for the acts of the Koreans. I announced that if these men are recalled I would also recall Messrs Underwood and Moffett, which seemed not to interest Mr. Plancy.

I wish to explain to you that my reason for taking this course is that I would regret very much to have our people remain the only foreigners connected with the further prosecution of a case that involves the French vastly more than it does us. It might very well be said that our people were in this way engaging in a prosecution that may eventually develop into a persecution - or at least be given that coloring. I will therefore telegraph for Messrs Underwood and Moffett to leave Haichu when Messrs Tessier and Wilhelm leave. Mr. Plancy said he would suggest to the Foreign Minister that Ye Unk Ik be recalled and that the whole matter be turned over to the Governor, who has all along been in antagonism with Wilhelm, but who has the authority to investigate and punish, which the Inspector claims not to have. The matter would then be a purely native and somewhat local one. I admitted the wisdom of much of this, though not favoring it exactly. I therefore wrote him this morning that I thought it would be a mistake to recall the Inspector at once and suggested that he be associated with the Governor for the further prosecution of the investigation, lest his preemptory withdrawal might cause the whole investigation to cease. He has since written me that he has proposed to the Foreign Minister the recall of Messrs Tessier and Wilhelm and that the Inspector be also recalled after a short time, say, one week, during which time he can bring to a termination all the cases he has on hand and then turn over the whole matter to the Governor for further attention. I suppose this may be acted upon, and perhaps it may be for the best, as it would be a pity to have the matter get beyond control. You may let our people know any of this you wish or send them this letter, as you prefer.

Yours sincerely,
H.N. Allen

Dear Dr. Allen

It so happens that the petition that Mr. [Kowen] read yesterday is the one that brings out this case or murder. There is no mention of it in the petition, however. [Koak] wanted his cow back but he evidently thought that one wife's uncle didn't count while his goods were missing; so he makes no mention of it. If all cows but however it the official evidence which I enclose a translation of. Should you desire the Chinese as well, I could send it. It shows how helpless these people are, how brutal the Catholics are for this priest still remains priest and this man Chang was Church leader till the day of his arrest. It shows what methods are being used by the Catholic priests & [leaders] all over the country, for this is sample of many such cases. They existed in Wonsan as far back as 1895 and while I thought it the exception then there is proof coming forward now to show that it is being used all over the country.

The enclosed is a translation of the evidence going over & on it giving you an idea of how the Inspector conducts his cases. He is gentle, uses no punishment to [extent] evidence but by [illegible] handling his case gets at the truth.

This will show how hopelessly cowed and terrorized the people are by the Catholics. This [Koak] is not a Protestant, of course. His case is like so many others that would never have got a hearing with anything if matters had not transferred so that the Inspector has gone down & taken charge.

Very sincerely yours,
Jas. S. Gale

Mar. 14th, 1903 [Seoul]

Dear Mr. Gale,

Mr. de Plancy writes me that the Foreign Minister has informed him that the Inspector has been instructed to bring the Whanghai investigations to a close without delay, not to take longer than two weeks in doing so and to return to Seoul thereafter.

He says he has telegraphed to Messrs Tessier and Wilhelm to leave Haichu by next steamer.

I have therefore telegraphed to Messrs Underwood and Moffett. "French Minister has recalled Messrs Tessier and Wilhelm. I wish you to leave at same time. Inspector instructed to terminate investigation speedily, not later than two weeks".

Yours sincerely,

[Allen]

Mar. 14th, 1903 [Seoul]

Dear Dr. Allen,

Naturally the French minister would desire to cover this whole affair up and have it made a local consideration only, but enough evidence has been substantiated to make such a more doubtful if not unfair. He desires to have the Inspector recalled, who, without torture or any unlawful methods, has brought much to light. He does not wish soldiers used and yet Catholics are everywhere thwarting the efforts of the police. He has not put down the lawless element but on the other hand has let it continue its practices, backed by his own people. He has promised to give up the ring leaders and has failed.

As for the danger of cooling on the part of the Korean soldiery, enough has been [proven] to show that they are gentle in comparison with a Roman Catholic mob. Although you have called his attention to the existence of these self-constituted yamen, where men are imprisoned, tortured, plundered, and in some cases murdered, he has taken no steps to have them abolished. Mr. Tessler would seem on the other hand to be greatly indignant at the Inspector's expressed contempt for him and his Paples' methods.

Underwood & Moffett think that nothing short of the deportation of Wilhelm or some such measure will in any way [quarantee] the country against a recrudescence of this whole affair. What can be done to once and for all put a stop to French priests governing the country in their own unlawful and to put it mildly, brutal way?

As for serious uprisings I heard it rumored that plans for such were completed and that one would have come off in Whanghai had not this inquiry taken place. I do not think that there are enough smoldering tries to create a great conflagration unless Wilhelm, Lagae, and others are restrained. Many of the poor ignorant people [no doubt] thought that they were regularly constituted authority and so yielded. Now by newspaper and public announcement on every hand they are informed that these men have no right in the world to beat, torture, and imprison. This also will give impetus to action in the future unless the wrongs are righted. We are all involved, in a sense, we all run equal danger. I couldn't but feel when coming on the steamer and overhearing the people talk that the whole Western world is on trial and being rightly condemned for they do not distinguish between a Frenchman and an American. In that sense have we not all a deep personal interest?

I am sure that Dr. Moffett & Underwood will feel that it is only right that they should be recalled in case Wilhelm & Tessier are. The only point to be noted is that Doureet will still be there as an official reporting and may be able to do much to prevent the truth getting out for naturally men who inaugurate -- such a regime rule do all possible to prevent its coming to grief.

I think both Underwood and Moffett would be exceedingly sorry to see the Inspector go as the matter affects the whole country and has no claim to be settled in a court by a less compliant judge.

In Tessier's report that the Inspector refuses to bring matters to a settlement is surely unjust. Had we given up the ring leaders as he promised in the name of the French Minister to do, the settlement would have taken place. Through willfulness or incapability he let them escape. He has failed in his part and not the Inspector and so it is not fair that the Inspector be given some chance to make arrests before going on with the cases?

Your reporters in Haiju and all of us interested in Korea will wait most anxiously to see what steps the French Minister will take to abolish these self-constructed yamens, to bring criminals to justice, and to make his people live henceforth according to law.

Pardon me for troubling you with this long epistle but I desire to put as truly as possible the questions that arise with Underwood and Moffett, and others as well regarding the matter.

Thank you very much for your influence so [illegible] exerted which all law-abiding people must [illegible] appreciate.

Very truly yours,
Jas. S. Gale

P.S. I have sent on your letter to Haiju.

J.S.G.

Dec. 22nd, 1903

My dear Dr. Brown,

I am so grateful to you for sending on at once Mr. Smith's letter through. I feel like a condemned criminal for not doing my part better. I have [illegible] a mission report and Korea [Field] to do better work than any thing else and did not realize that personal letters hand so much to do with keeping in touch with those at home. I have just written and [posted] a letter to Mr. Smith and I have enclosed my [sweetest] apologies. I only hope I have not lost the hearts and confidence of [these] good people in Washington. I have marked my calendar for next year Feb. 22nd, Apr 22nd, June 22nd, Aug 22nd, Oct 22nd and on those dates I shall send a letter to it long or short, and in the next two or three years I hope to new task a place in Mr. Smith's heart for he is one of the best men I have ever met.

I reached [illegible] Oct 3rd on my way home but could not get a boat so I crossed out to Cheefoo and waited there. It was my first visit to Chef and I enjoyed very much the stay with Mr. [illegible 3 words]. I just have word tonight from [illegible] and all are well. Thank you for your kind message while I while I [illegible 3 words] the work here goes on and all are working in [illegible] so [illegible] the force now in Seoul... Mr. Reynolds and I are translating daily.

The book I was working on is finished and has been sent home. I did the best. I [have] to give a picture of the mission work through the past years and gathered the men [illegible words] stay that gives a [illegible] but a [illegible] picture of the field, the .... and the results. I read it to two [voting] members of the mission and they gave their unqualified approval. When I wrote to [illegible] I [regressed] the hope that it would meet the approval of the secretaries of the Board and he sent a book as [would shut up] the rights kind of interest in the work here. I shall wait to know what you think of it.

We are passing through a time of intense [anxiety] at present time. The question of new ascending of Japan or Russia is certainly before us Japan seems to take so long in [the decision(?)] about all of which time Russia is piling up [illegible] of war and making tremendous preparations. We trust that we may not be left to the tender mercies of Korea but rather that Japan may come in and take charge. [illegible] that last two years we have had a Christian Japanese Mr. Takaki at the heard of the Dai Ichi Ginko(Bank) here and his name & influence has been most helpful in that cause of cherish. I only hope that more of his kind may be sent.

I trust that before this reaches you there may be some settlement of this far Eastern question by which the work may be left free to go on.

Thank you most sweetly for getting new won't of Mr. [illegible words] and with kindest regard to Mrs. Brown.

Very Sincerely,
Jas. S. Gale

Jan. 6th, 1904

Dear Dr. Allen,

These two notes, one from yesterday's Che-guk Shin-mun, and one from today's, I thought I would send you with the papers. Probably you have seen them. However, I thought I would take the liberty of sending in case you have not. They are inserted with the evident intention of creating bad feelings in the city against Americans and are in accord with Korea's other methods of doing things.

Tuesday Jan. 5th

"These days word is abroad that American soldiers are coming into the Capital. [Right] before east several hundred of them entered The reason given is that they are for the protection of the Legation and Americans. The other day the buildings attached to the Legation were lighted up and being repaired for this purpose."

Jan. 6th, 1904

"With regard to American soldiers entering the capital, the Interpreter of the Foreign [Off.] to Yi [Kon-jun] was sent to the

American Legation. He inquired of the minister. "Your Excellency mentioned in your despatch that was declared. In what peace is the fighting going on?" The minister replied, "If you wait a little you will know without being told whether there is war or not." Again he asked, "You said there were lawless soldiers within the wall. What soldier do you refer to? The American minister replied "The other day when they tried to smash the Electric Car [illegible_2] were they law abiding soldiers?

The Che-guk Sin-mun puts the case so as to show the ignorant masses what an immaculate country Korea is, and how badly she is used, at any rate, that is the interpretation I have seen put on it.

We have more reason to be glad and thankful that soldiers are here from America.

Very sincerely yours
Jas. S. Gale

Jan. 14th, 1904 [Seoul]

Dear Dr. Allen

Pardon me for troubling you with such notes as these and please do not bother to reply. This manner of writing in the papers is so different from what Koreans used to be that we cannot but notice it at such a critical time as this.

Che-guk Sin-mun Jan. 14th 1904

The Business of the Officials

Alas! Looking at the condition of our country today. Can anyone, official or subject, be other than sick at heart and in despair! The disorder in the government is like an uncombed head. Foreigners with their contemptuous ways are greedy as fierce tigers. Their soldiers with no difficulty whatever have violated the city outside of the walls are robbers rising up like wasps ["Ele Ele]

"The [men] in the government what policy will they adopt to rectify the condition of things what plan have their thought out that will put an end to the contempt of the foreigners and respond to the wish of his majesty. Etc. etc.

The whole article is a mad piece of [illegible] against government and foreigners all helping to [stir up] the people to do some wild foolish thing. Word comes to me also from a fairly trusting source that the government is being urged on to use the 3000 peddlers and the [illegible] against the Japanese and that they have decided to make a stand. This of course is only the word of a Korean but he is a man who is family well informed on all matters and not an [alarmist].

Please do not trouble to answer.

Very sincerely yours,
Jas. S. Gale

Jan. 18th, 1904 [Seoul]

My dear Dr. Brown,

I have been asked by the Station to send you a statement regarding Bible translation work, as to the amount already accomplished and the time taken for it. I send herewith a table of the years and what has been done during [----] so that you may see at a glance just what the methods of work have here.

the year	No of translation	session of [ ]	Portions Translated
1893~1894	5	20	[ ] 1st Chap to 5th Chap vs. 48
1894 1895	4	none	Individual work prepared
1895~1896	5	none	Individual work = The Gospels and The Acts completed
1896~1897	5	59	(Individual work= Gal. Ep, Rom. I, II, III, John, Jas.) Mt. Sermon Mt. 5
1897~1898	4	39	Remainder of Matthew, all of Mark
1898~1899	4	40	Luke 1st Chap. to 18th Chap
1899~1900	4	110	Luke 19th Chap to End of Acts
1900~1901		about	Records lost in the Yellow Sea at death of Mr. Appenzeller
1901~1902		~60	Romans to I Cor. VI
1902~1903	3	141	I Cor VII to II Thes. 1; 6
1903~1904	3	141	(To Japan 10 1904) II Thes. 6th Cup. to Hebrews 8th

There are 998 verses still to be translated, which at the rate of 10 verses a day will take 100 working days or till June 3rd. This means that the New Testament has taken ten years for completion, but as we have now about 160 working sessions in a year, the whole time occupied by the Board during the 10 years represents 3 years and 4 months. That is the Board has taken 2 years and 4 months - at its present rate of working to complete the New Testament of about 7950 verses. There are in the Old Testament about 23150 verses which, at 10 verses a day, would take 2315 working sessions or 14 years brining us to the year 1918 as the time when the Old Testament will be completed. This is setting the pace at the rate of work on the most difficult of the Epistles. Many parts of the Old Testament Prophets are as difficult as [illegible] involved Epistles, but many parts of the Old Testament are in [illegible] narration and very easy. You will notice in the table the difference of rate of working between the Gospels and the Epistles. In the Gospels we reached as high as 27 verses a session, while in the Epistles we can get over [illegible] about 10 verses in the same time. This has been the case especially in Romans, Galatian, Epehsian and Hebrews.

As regards the Old Testament, the Board has already in hand several books in M.S. while it hopes to have printed as a kind of tentative version. In about ten years we hope to have all the Old Testament ready for [illegible] form. It must, however, before becoming a permanent version be [gone] carefully over and this takes time.

Our present day of working with 3 members, one brining in the translation, and the other two revising and passing it, is surely the simplest and shortest and easiest way that any work can be done by Committee. You better suggest which we could perhaps do best by taking it up individually, this is what we are doing, though, as you say, it will be necessary to submit it to those whoever to use it. This we are doing by submitting it to a Committee of two, [illegible] had a chance to discuss with the Translation all the perplexing questions as they come along and to rule there decisions accordingly. This-[illegible] seems to us the simplest way possible to do the work unless you lean it entirely to one person and our experience in the past [illegible] each translator to [illegible] less and less confidence in his own individual decision. We need [illegible] at least to decide the many questions that come up.

Very sincerely yours,
Jas S. Gale
For Seoul Station

Apr. 22nd, 1904 [Seoul]

My dear Dr. Brown,

I appreciate more than I can express your approval of "The Vanguard." The words with which you [stamp] its coming to the light are an abundant reward for the labor of bringing it forth.

Both my wife and I feel that the all important matter was to show something of the real and wonderful place that true missionary work has in this Eastern world, and to show it in a way that would be acceptable to those we value most, the [officers] of the Board, and the church at [home]. Your letter appearing with the book as it does stamp it with the best of approval, and will, I know, [give] a dear heart [illegible] [frightened] [illegible] than I can well express.

I do hope that I will be blessed and that it will help to quicken an interest in the [poor] yellow man of this most-troubled East.

With kindest regards to Mrs. Brown and my warmest expression of gratitude to yourself,

Very Sincerely yours,
Jas S. Gale

Jun. 11th, 1906 [22 Valentin, Lausanne, Switzerland]

My dear Dr. Brown,

I write you from Lausanne Swiss where I am with Mrs. Gale & daughters once more. They came to meet me as far as Rome and for a week and more we enjoyed the "Eternal city." We had a delightful trip back to this town where Mrs. Gale has spent six busy years of her life. Now our next [thought] is America.

After coming here and finding what plans can be made from home we see a way of getting a house at Seabrook a few miles out of Washington D.C. where we hope to spend the autumn & winter. I presume the Board will look upon this location with [favor] as the Washington churches are the centre of interest for us and from there we could go about as required.

Reckoning one month for trip home namely April (I left [Seoul] 31st March) The house allowance would begin from May 1st would it not? My youngest daughter is eighteen 14th July so her allowance would cease from that date. For my trip home ticket & freight, I was given $300 gold. A Methodist missionary who went to New Jersey recently from Seoul paid back $25 of that amount to Mr. Beck, the treasure [illegible] Dr. Vinton was guaranteed $300 each way for his trip by private parties in Seoul. So that three hundred might be regarded as a maximum. When it comes to settling up

I'd would of course be very glad of the [illegible] amount, as we pay our way from here home.

We can get this house at Sea[illegible] at about the middle or end of August. Coming as late as this I hope would not upset the plans of the Board with regard to new work when at home. Mrs. Gale & I want to do all we can to increase interest and yet with a family of five you will see [illegible] necessary is to plan in order to get about as possible.

Washington too is not a very great place in the very hottest season for anyone subject to [illegible] the hills here are an excellent [illegible].

We hope to leave here about the end of June and spend a month a little further north an [hour] away. I shall write you later.

I had a smooth and favorable journey all the way from Shanghai and the delight of getting [illegible] with the thought of no more 'g[illegible] [--2 words--] this possibility of [illegible]

With kindest regards from us all
Very Sincerely Yours
Jas. S. Gale

Jul. 9th, 1906 [65 Loughborough Park, Brixton, London, S.W.]

My dear Dr. Brown

We are, as you will see by the heading in London, booked to sail by the Anchor Line "Caledonia" August 11th from Glasgow.

The breaking up of housekeeping in Lausanne selling out and getting underway for America has been a very hard task in all, especially Mrs. Gale, but she is getting a rest here, and we look forward with great satisfaction and delight in getting home. I suppose Aug. 20' or thereabout, when we land, will still be hot in Washington, but we may be able to spend a week or so near Boston before going south. This we have not yet definitely settled. I am sorry that we have been so long on the way but getting passage for a family of [seven] of us (We still have two children who have been with Mrs. Gale for sex years) is not easy, so fast are the steamers filled up. The "Caledonia" is a good ship and the time of year favorable to a good voyage. I shall let you know later where we are and shall report at the [illegible] as soon as possible. some as possible.

The news that we read daily of Korea fills us with apprehension. We have [illegible] upon a period politically of [trouble] and strife that will grow in intensity as time passes on. It may really be, however, our year of best & [wider] opportunity.

We are delighted here in London to have preachers near us like Dr. Campbell, [illegible] & Mr. [Merger].

With Kindest Regards from us all,
Very sincerely yours,
Jas. S. Gale

Aug. 21st, 1906 [Atkinson, N.H.]

My dear Dr. Brown,

We all arrived safely yesterday in Atkinson, N.H., where we hope to spend a few days with Mrs. Gale's aunt, Mrs. Tenney, a relative of Mr. Tenny of Tientsin College [fam.] We had a pleasant journey across the Atlantic in the 'Caledonia,' a fine ship and came on to Boston without delay as our tickets are taken to that city. Mr. McNeil from the Shipping office of the Board gave us most valuable help in getting off the ship and through the Customs. It was very kind to have thought of us in this way and sent him. My brother, a physician in Bay City, Michigan, wrote me (the letter came to me on the S.S. Caledonia) that my father was in poor health and that his strength was failing. He is now 84 years old, born in 1819. I would like to leave Mrs. Gale and the daughters here for a few days to make him & my brother a visit for a week. He lives at Alma Outland.

There are invitations to meetings to be held in September & October in Washington, Philadelphia & elsewhere that I desire to be present at and do what I can to turn the thoughts & hearts of the people [illegible]. I view public meetings & speech making with fear and no little trembling. One gets out of much with such a fast and [illegible words] to the returning missionary.

We have found quarters in Washington D.C. that seem suitable and are writing to have them secured for us. On our way from here to the Capital, I hope that our family of four may have an opportunity of calling at the Board [illegible].

I have written Mr. Day asking him to make out my account and let me know where I stand financially. It will be a somewhat difficult year along many lines but I've come through with all needed blessings up to the present and the Lord has charge of the future.

With kindest regards from us all
Very sincerely your,
Jas. S. Gale

P.S. I find many native letters from Korea awaiting me to have [present points of interest when I call]

May 11st, 1907 [The Montgomery M & North Capitol St. Washington D.C.]

My dear Dr. Brown

Today Mrs. Hamlin called and let me see your letter to her, also the one to Mr. W.H.H. Smith, the chairman of the Sunday School Teachers Union of Washington. I am sorry for all the trouble the matter has given you and them, but I know you will appreciate our wishes for Annie and her future.

After hearing that her application had been tabled, I saw Mrs. Hamlin who had kindly called. She and other ladies of Washington have been greatly interested in Annie's application and have felt keenly disappointed, especially after the assurance of a favorable vote on the part of the ladies of Philadelphia. I have not seen Mr. Smith at all nor talked the matter over with him. His letter too was an expression of appreciation unknown to me altogether. Yesterday Dr. Joseph Kelley, Chairman of the Presbyterian Missionary Committee called and asked why she had not been appointed. I read your letter in reply and he proposed to write the Oard about it. I asked him not to, so the letters have been a matter of appreciation and something altogether outside of my own suggestion or Mrs. Gales.

Still, it was a matter of the great concern to me as to whether Annie was appointed or not. I came to a realization that she was one who could be greatly used in the families of the gentry in Seoul in furthering the education and training of their daughters; [illegible] she was a native of Korea and had [illegible] spoken the language as no foreign missionary ever learns to speak it; that she was in a way acculturated to that not easy part of the word; that we were going out with her and that she would not go alone; that her father had given his life in the work (which counts in the farthest tremendously and also somewhat here at home); that he (Dr. Heron, not I) had provided a house out of medical funds (former Mr. Miller's house, Chung Dong) that was sold with the [Mr derwin] and Vinton houses for many thousands of yen, giving her indirectly [allow] to [illegible] consideration. In addition to this, there was the [illegible] from his medical work and his influences as Palace Physician. The fact of her youth and lack of experience was overthrown in my own mind by the great needs of [this] field and her Oriental equipment- which counts for so much. Let me say in defense of youth and inexperience that Dr. Ger. Heber Jones came out at twenty, inexperienced and to a certain degree uneducated but today he is far and away the most capable man in the M.S. mission stands at the very trip among all missionaries in experience, in knowledge of the East and good sound judgment.

Of course if Annie were appointed, the Mission might assign her to any part of the work. Let it be so if more important, but I had in mind (I was Chairman of the same Education Committee for two years before I left & had all opportunity to see the needs. assistance with girls' School. Seoul is such a crying need that if not filled, we shall fail to hold a large and influential part of the city. A brother of a former minister of Foreign Affairs asked me about his daughter and said he misled them sent to their school if we had teachers who could give time and attention to their bringing up; if not he could send them to the Ewa Methodist. I learned since that he has sent them there. He is a member of my church and you will not be surprised at my disappointment (not that they're Methodists) but that we lose them from our schools.

As I said before, no consideration apart from the work would make me recommend Annie, but in her seeming [fitness], I saw a solution to more than our problem. First and foremost was the Girls School Question, which has weighed on my mind for years, as you will find in inquiry in Seoul. Another was the possibility of return. You, I know, sympathize with the missionaries in their financial questions and a heavy question it [illegible] to since who have not an [illegible] apart from the salary. One of the highest [problems] I ever [illegible] along this line was to rent a flat in the City of Washington, furnish it in some way similar to [illegible] as [Callers] families of secretaries of State, admirals, Generals, Commissioners, Doctors of Divinity, and a hundred of friends (meeting them frequently and trying to use such opportunities for the cause of missions), Keep a family of four, dress them so they can [return the calls], feed them sufficient to keep life in and all on are thousand dollars a year. Needless to say, I have not been able to do it, and a good deal of this burden has fallen on my poor wife, who has had to spend her hard-earned savings to pull through the year. I mention this to show that the financial question comes in.

Granted that Annie was a suitable candidate and was appointed, it would mean that my wife and I could have [one] daughter to pay fare for and yet back to Korea as our own [illegible], is small financial consideration you will grant me. Annie's appointment would help mightily in this direction. My wife is saying that her [illegible] [would] pay her way back if no other means were forthcoming, also added that he would not support her as a missionary -- and a missionary is what we want Annie to be when she goes. In my wife's pride of Spirit and desire to conceal financial difficulties, I am afraid that she gave you an impression that she did not intend. She simply meant that she did not [illegible] to influence the Board by a financial consideration. I can say frankly, having [illegible] we have not the means to take Annie out. Keep her in missionary work and so contribute to the cause. [Glad] would I be to do it if I had the money but not having it, it would be to attempt the impossible. [Lord] will guide & know and let no action of mine interfere with. His will and plans with regard to these [entrusted] to my care. They must come forth in my plans and thoughts and being confident that Annie was just one needed in Korea. I felt that it was God's good hand pointing in that direction.

I feel in Mrs. Manlin's writing and Mr. Smith's also this morning for certainly no messengers of this are both prepared to speak a word of recommendation than they. I appreciated especially Mrs. Hamlin's love for Annie and her writing in [these days] too when a whole world of sorrow has been rolled upon her.

What more can I say? About the house matter in your letter to Mr. Smith - it has ardently got confused with the selling of a house in Seoul which Dr. Heron purchased for the Mission; also the understanding that there should be a house for Mrs. Gale when she returned from Switzerland which the Board has found impossible to supply.

Far from any lack of appreciation of you and the Board, I know full well that when a difficulty that confronted me is brought to your attention, you will do all in your power to help me solve it.

In reply to your letter concerning statements in The Outlook, I may say that some days ago I was summoned by the President and had the unpleasant task of answering his questions regarding the representation in Korea. I was very sorry to do so, and yet, there was no way out of it. I had not the President before having called with Commissioner Macfarland when I had the privilege of hearing his views on the Far East and of seeing something of the man himself -- most interestingly -- honest, courageous, [illegible]

Now I must close the letter already too long.

With Kindest regards,
Very sincerely yours,
Jas. s. Gale

May 22nd, 1907 [The Montgomery Mt. W. Capitol St. Washington D.C.]

My dear Dr. Brown

I appreciate your confidence and that of the Board in appointing our daughter to work in Korea. [illegible words] more than prove that your decision was divinely guided and that she is chosen for a work specifically [illegible] for her. She & I hope to be in New York next week at the Conference.

Mrs. Gale is recovering but American [illegible] is one of the most persistent and [longstanding] complaints that we have fallen here too. The no longer has any use of temperature, however & is going out daily so that we [illegible] she will be ready for the journey. I shall see you about our departure [illegible] week when in New York.

With Kindest regards & many thanks for you kind letters.

Very ... yours
Jas. S. Gale

Sep. 8th, 1907 [Seoul, Korea]

My dear Dr. Brown,

This is Sunday and we have just finished our morning service. I wish you would have seen it. Our church building, which seats about 500 tightly-crowed in, has become too small for our congregation of about 1,200 a Sunday. To meet the needs and find us a place to worship, the young men of the church took up a collection of [60.06] and bought sheeting. They stitched them together into an awning of 90 ft. of 60, underneath, which we have met for the past few weeks. The autumn winds, however, we did not reckon on, and they have begun to blow. Today, just as our company of about 1200 to 1500 had launched out on the first hymn, a fearful gust came, and tore the awning down the middle. The company had to scatter, the men to the old church building which they filled to overflowing, which the women went to the John D. Well's School. It was a little walk from the open air location to the church & school and the stream of people gave me an idea of the peculiar interest in this [illegible] today. Last Sunday we held up a collection [amounting] to $500 gold. Already they had gathered together $1000.00. Five hundred went for the church [illegible], and five hundred to [illegible] [in hand]. With the subscription of last Sunday & today the whole amount in hand is $1000.00 gold. To build a [illegible] church to seat all these people will take #3000.00 at the very least. That is for a building without any ornamentation. Just this roof of [illegible]. About half of the regular attendants are Christians, but they [represent] small means. Others who have same means, give liberally. "Yu"whom I wrote you in this little tract, is now vice president of new Home Department and he gets but a small salary has given already this year $100.00 gold for the new church. Mr. S.J. Yi, secretary of the [Cabi..] has given $50.00 gold so that these men are setting an example for [literally]

In the midst of this need with no place to meet I work a little in [illegible] the Monday W.B.M. Brown telling him what was needed and saying that the Mission last year had asked it and the Board had passed in it. Whether he will get anything or not I don't know. Today after say the tent burst [illegible] and the helpless was of ...., and feeling worst?. We went ... now or lose their farm, & realizing how liberally the Christians were giving of their little means. I wrote Mr. J. Stewart Kennedy gelling her of the ...and suggesting $1000 gold as an amount that would greatly help. If any comes will you cable us at my expense. Gale serve Thousand. The reason I ask Cable is that the season is closing down & the winter will find us without shelter. This is the first time that I have been put to such a [start]. Moffett now in Seoul says the situation in the [north imperative yet seen] It looks like taking advantage of Mr. Kennedy's kindest to lay this request before her.... Anyway, I can [illegible] ask her to forgive me & put it down to the desperate needs of the situation.

We are into a very ugly political situation. Guerrilla warfare is going on all over the country. Shooting & burning are reported daily in the papers. The Eui-Pyung (Righteous Army) is being made up of and recruited from disbanded soldiers from the capital who hate the Japanese [inspectors]. They know enough of military tactics and are spreading terror among the Japanese [army] here. I am told that they do not molest Japanese women or children, let them [illegible] but that they shoot every able bodied man they meet. Companies of Japanese soldiers are going out daily but in this sort of warfare it is important to meet [illegible]. Like the [illegible] they take to the hills and when opportunity offers they swamp them on their prey. A few night ago they made a raid on the Seoul-Fusan Railway & burned two stations killing the station keeper & [scaling] the guard. A society in Seoul called the Se-Chin-Hoi[exists] to help the Japanese and their members are especially abhorrent to the Righteous Army men. They wear their hair short [but] [Li Do Ni] disbanded soldiers and Si-Do-Mi Chehan so when the Righteous Army men capture a short haried passer they do not know whether he is a soldier or a Christian to Il Chin Hoi man. If he says he is a soldier they press him into [service]. If he says he is a Christian they ask him to repeat the Lord's Prayer & the Ten Commandments. If he does this successfully they say you are a Christian [illegible], but if he fails, they say "He is an Il Chin Hoi man, take him out & shoot him." This make also a division between us and the Japanese. The Japs want to be [friend] however & it is [our] duty to be a friend as possible. On Tuesday next my [illegible] party at the Residency & Mrs. Gale & the [illegible]

Pardon my lengthy letter
Jas. S. Gale

Nov. 6th, 1907 [Seoul]

My dear Dr. Brown

In writing I must, first of all, thank you for your cable "Thousand" that reached me. It has come in just the right time. Our church will be completed in another three weeks and we shall be able to house 1000 to 1500 people. It is going to be comfortable and easy to speak in and best of all, it is all built by Koreans. I mean Korean carpenters. When completed I shall send a photo of it. I am wondering if [Mrs. Kennedy] gave the thousand. So many thanks and so much gratitude will be returned from this part of Korea for the help. The Koreans will have done theirs but [illegible] and more, and then this help will come in as just what was needed. I shall wait to hear definitely.

In this letter, I want to write specially in reference to Mr. & Mrs. Curtis. While they remain members of the Japan Mission they are really a part and a very important part of the Korea mission. In the [illegible], you will find request for them a house, etc. This they will need another year. I think I represent the large majority of the Mission in saying that they might to be located in Seoul. First, because this is the central point of the country geographically. From here all other points are easily reached. So next from the point of view of evangelizing the Japanese, Seoul will be the place for them to locate. Second, there is the official center to think of

& Seoul is everything from a government point of view. Mr. & Mrs. Curtis speaking Japanese so well and being so tactful and sensitive in their dealing with Japanese will help greatly to keep good feeling between us and the authorities. The request for houses etc. are all made in the basis of Seoul. I trust that Mr. & Mrs. Curtis will receive special consideration when their question comes up. Just now they are visiting Kunsan, Mokpo, Fusan, and Gensan. About the New year, they will be back again in Seoul and will have a chance to plan definitely for the future.

Since coming back and getting into [illegible] with the political situation, I think the authorities beginning to get hold of the situation and to deal wisely. A guerilla warfare has been going on all about the East province of Kang-won, North Chung-Chong, and Kyungsang and these so-called "Righteous Army" squads have become a terror to the Koreans. Japanese troops are here, there & everywhere trying to quell the troubles but the rebels [halt] away and reappear again in a [illegible] hopeless manner. When the government troops have found their sheltered of a village, they have burned down the whole place so the Korean country people are between the [illegible] "Righteous Army" on the one side and the government on the other. This will gradually wear itself out and the people will be glad to accept the [quest] & order of the government even though it be carried on by an alien race. We see considerable of the Japanese Prince Ito, or as they would call him in England Duke Ito, is a very sociable and kindly dispositioned man. We were invited to his celebration of the Emperor's Birthday on Sunday last but being Sunday of course we did not go. A few nights ago, we met him and the other ruling

Japanese at Baron [Megota's] who controls the Customs where Mr. [Levy] Brown used to be at a recent field day a sports we also he saw him present that [illegible]. He talked about with the young Crown Prince (10 years of age) of the hand (the Korean crown prince, I mean) It was a day the first that I had ever seen when Japanese & Korean mixed together with good feeling and it gave one hope for the future far only as they meet kindly [dispersed] into the country, be glad and prosper. Since there have been them fights with the rebels and since the disturbance of last summer, there is a marked difference in the treatment of Korean by the lower-class Japanese. I have seen [20] kicking or beating in the street & the Koreans seem to walk as though they had won a [illegible]

I have been greatly interested in the advanced that education has taken since I went away a year and a half ago. The new day when the Emperor (the new one) went out on a progress to his ancestor's tombs the streets were amid with boys and girls carrying flags. They were nearly all students & pupils out of government, not private schools. These schools have been started by well-to-do Koreans of the old official families who are now turning their attention to education. It gives me hope for the country to see so many girls at school. I wish they were all Christian schools.

In this connection, I may say that Jesse has been asked to teach in Queen Om's school. That are about forty pupils little girls and Jessie like her work very much. A Christian Korean woman has [direct] charge and it opens each day with prayer and singing. Queen Om c-the mother of the Crown Price and has a great influence in the land in fact that her special school is [illegible] in under

Christian auspice speaks for a great deal. Mr. M.F. Scranton, whose influence here is great among Koreans has really brought this about. Jessie has taken the work only temporarily, but she likes it very much. Annie is enjoying her work at the girls' school, Yun Mot Kol.

I have been interested and anxious about the incoming of the novel into Korea, knowing its influence and knowing the possibility of a low type of book coming to us from Japan. [illegible] as it may, I am in a [illegible] that a few years ago would have [expand] from humiliation in being thought a Christian - today the leading newspaper of the city called Whangsung Sinmun ("The Empire City") [15] printing daily a novel called Mong-Cho (Dream tide - a fanciful name) in the front page of the paper, and one of the leading characters is a Bible Woman who called here & the preaching the gospel. Her sermons are as good as [Dimalis'] in Adam Bide just fine and bring us the front page of their highly expected paper it means a large peace that Christianity has won. The other day I called on the leading [illegible] of Seoul who is a Catechumen at my church and inquired about novels being published or to be published. He brought me the M.l. of one called the "Beast Assembly" that is now in press. It is written [by] one of the Yun Mat Kol people. Its leading thought is Christianity ‐ and Mr. Chu who is an experienced bookman says it is fine and will sell without fail. In the Che-Guk paper, also there has been a Christian [illegible] where the leading [illegible] was a man's forgiveness of his mortal enemy and his preaching the gospel to him. These are signs of the lands in Korea.

Mr. [Ternana] has been here and shining us all up to the needs of the future. If only he or some other strong moneyed men like him will supply the needs, work can be pushed to here & in China. We have greatly enjoyed his stay.

The matter of Dr. Vinton has not yet been updated on of the Committee appointed. As far as [illegible] leaves everything to coming at all right as to [illegible]. I trust that God will guide the way for Dr. Vinton. And Mr. [illegible] to [illegible]. Along his special [beds] he has worked hard & faithfully.

Confidentially I may say after being in close [illegible]with his home that my question or doubts as to Miss Baker etc. disappear. [Mrs. Gale] agrees with me in The Mable sheet the [illegible] & the need of a better folks to bring them my [illegible]. In committee will report shortly. Pardon the long letter.

[illegible] regards from us all, [illegible] Mrs. Brown & your family.

Very sincerely yours,
Jas. S. Gale

Feb. 3rd, 1908 [Seoul, Korea]

My dear Dr. Brown,

It is my turn to write the monthly letter. Let me say in the first place that the matter of the house is all as originally proposed and that it needs no cable or special action. We shall build the half house to the one that I formerly occupied, and I trust that any misunderstanding that may have arisen will be cleared up. It was Seoul Station, not I, that prepared our occupying the old F.S. Miller house permanently, where we now are. On our way out, I had a letter from Dr. Vinton at Yokohama asking us if we would be willing to sacrifice our own wishes and leave the more attractive place at the front and live here. Mr. Clark, as Secretary of the Property Committee of the Station, also had an Epistle waiting for me making the same request and stating that an addition would be put on for study. That is how the matter came up first of all. After living here for a time,e Mrs. Gale felt that with certain changes it would do all right and suggested these. If you notice the plan of this house, there is a small study all right for a man who does country work and uses it [but little with] - say only one Korean in his employ. I have five Koreans working with me, one as Editor's assistant Church Herald (Yesu-Kyo Shinpo) another help on review of Korean-English Dictionary. One as a translator and one as a church worker. So to have three or four of them constantly in this little room would put me out of action in a few [illegible], hence I said that if I was to keep the place the addition proposed by the Property Committee would have to be put on. Now, however, much to my satisfaction we go back to the original plan and add to the little house on the front.

As variety during the busy month comes the report of the [illegible words] with Prof. Ladd. I regret exceedingly that he is going into a book will the manifestly-[onesided] view that this report evidences. What with [decoration] from the Emperor of Japan and presents and ovations and [illegible], he would not be human if he could withstand all this pressure and not lose perspective and get a stigma in his vision. When dealing with "Church Policy" and "Physiological Psychology" no doubt his mind is well poised but in dealing with the vexed questions of this part of the Far East he has no well-rounded view; if he has then the Board stands convinced (shall I say) of having sent out a lot of "fools" and incapables. The Board, therefore, will have to confess to failure or if a [replay] is needed stand by their guns.

His view is not Prince Ito's view I am sure or alas for any hope of bringing about [good rule] and good fellowship. Prince Ito is wise and kind and farseeing and I am sure that we missionaries have in him our best friend. I for one, and I am sure I can speak for others, are trying by the indirect method of teaching Christian truth to make his, Resident-Generalship one of permanent peace and prosperity to these people.

Prof. Ladd's view and Mr. Hulbert's view are alike extreme and alike hurtful to the best interest of the East. Hulbert by personal contact-with-the Ex-Emperor and from receiving favors at his hand has lost a true grip of the situation and altogether, and [illegible] praises and exalts that man who brought about war between Japan & Russia and so lost his country's independence. His [superstitions], his selfish fear, his cruelty, all Koreans know of and [endure]. To stand for him is to fight Korea's cause. On the other hand, Prof. Ladd is going to do equal damage by his extreme view.

His [new] statements regarding the YMCA, to take an example, are incorrect. He speaks of the YMCA of a being grossly gulled by "its own agents." Money was stolen by a boy employed by Hulbert and [illegible] privately. The YMCA [denies] it had nothing to do with him (I was clear view at the 1 mi and 55 Kuns) The crime was detected and no money [illegible] with interest by Mr. Kim Chung-sik, assistant Gen-Sec., of the YMCA. The only native agent the YMCA had in the [illegible] I may add that Mr. Kim today is the Christian worker among the Korean students in Tokyo.

He also says that the YMCA had "to stop the organization of branch associations" throughout the county. The YMCA attempted no branch organizations, never had any. It made request that political association of unbelievers be not allowed to use the name "Young Men's Christian Association." The government saw the [correctness] of [this] and granted the request. They had nothing to do with the YMCA. nor is it any reflection on the YMCA that a lawless association should not be use its good name.

He is likewise incorrect in the [illegible] to the meetings held when he was here. But it does no good to reply.

He forgets, wise and cultured as he is, that he has had no chance to judge of Korea and its people from a neutral point of view. To him they are [illegible] are mobs (although I have not seen

one in nearly 20 years) and lacking in all manly virtues. "Christians
[3 illegible words] [of these no good missionaries fallen to the land
of the heathens]" alas! alas!"

From my experience, however, much wider than his in this matter.
I believe that the percentage of giving per member is greater than
in his own denomination and that when it comes to definitely
answered prayers they could show a much larger proportion than
the Congregational Church of New England.

If his book follows the line of his attack in the interview it will
do Prince Ito and the cause here incalculable mischief. From
interviews, I have shared in with Prince Ito and after hearing his
words of good confidence, I am sure he will greatly request anything
of this kind as will Mr. Zumoto earlier of the Seoul Press and
other leading Japanese here:

Korea's pride has been wounded; it is not a question of good
[illegible] nor [illegible] as loss of face which, to the "Oriental"
is a death of deaths. Save his face by gently going forward as
Prince Ito is doing and all the wounds will heal but but Hulbert
at one side and Ladd at the other, both able-bodied men will tear
any amount open.

Last night at our service where several hundred were present
(in Yun Mot Kol) I asked that we have a season of prayer and
[thirty] two or three of the members lead. First one Korean voice
[illegible] then another and another and when he finished I heard
still another away toward the back, but as I listened it was not
Korean but Japanese. We could not understand his words but the
name Jesus we recognized. When the meeting closed my Elder
said "A Japanese prayed just now". I said "yes bring him up here

[illegible] we meet him. In a moment there he stood a little short Jap with [illegible] kindly take with the Korean grouped round him in the loudest kind of [way] them hand [in hand] all one in Jesus. This is the only way in which to bring about real union. May God hasten it in His own time.

The past month has been one of hopeful report and advance. At our last Station meeting, we heard from different quarters and different departments of the work. Miss Wambold is perhaps the best reporter as well as the most systematic and independent worker among the women. She always has an interesting report written out carefully. She dresses in native costume and goes among the people like one of themselves. While directly associated with Sa-Mun-An she itinerates in all territories as the need presents itself. Recently she has been out at Dak-sum, a large town, ten li from the city, which is connected with Yun-Mok-Kol Church. Mr. Clark reports on the new territory taken over from the Southern Methodists each of Seoul and extending to the other side of the peninsular. In this territory, there are supposed to be about half a million of people and as yet only 80 baptized Christians. He gave a very [blue] account of the kind of whisky selling Christians that he found, an account that would go far to prove the correctness of Prof. Ladd's statement not as regard Presbyterian so much however ras regard Methodists. Mr. Clark remained only a half-day in each place and a half day in Korea is just about long enough to learn everything that the truth about pretty nearly everybody. A longer visit which he hopes to make later will I trust give a more hopeful view of this district.

Dr. Avison, until the arrival of Prof. Ladd's letter, be amid with hope and joy. Last week in the Hospital, Taylor, one of the [owners] of the Chik San Gold mine, gave his wandering heart back to Lord and found peace and joy indescribable. Taylor is a well-to-do influential man so likely to have turned out a piece of flotsam and jetsam. Which we see washed up everywhere about us in these shores of the Far East. Now he is [anchored] and [will we] trust be greatly used of [illegible]. This speaks for the atmosphere spiritual of the hospital and tells you better than any detailed account of how blessings attend it.

Mr. Miller and Annie tell of the Girl's School going on in its usual way. One of the first needs of the field is that of a lady for the school. When Mrs. Miller leaves, [she] should be someone of experience and yet someone sufficiently malleable in nature and disposition to adjust herself to new conditions. The truth of the matter is our girls' school, like our Boys School, is too [poor] to get along well. Across the way is a government institution with appropriation sufficient to equip comfortably and no tuition charged, while our school with a tuition of three yen a month(a good deal for Korea) is often starved and [cold], and unequipped for lack of funds; while the teachers, half time is a struggle to keep down expenses. We must expect the Korean to do more and more, and yet schools are of necessity on a scale beyond the possibility of new Christians supplying all that is needed. These government schools make our task harder than [illegible] otherwise be.

The Boys School (Middle) is doing well so far, but there was a danger of the PingYang Elder Choi who has been teaching [illegible] to leave us in order to attend the Theological Class of PingYang in April, May, and June. In order to hold him and keep the school going, Clark, Miller, Pieters, and myself have agreed to [illegible] him and [illegible] year, [illegible], here. We are waded down already and this additional work will be a burden but it will show you that we are in earnest about this school. Thus far, at any rate [illegible] this year, our middle school has nostanding in the City as an educational institution. Mr. Severance, when here gave us a great gift, and [illegible] with all his persuasive powers to go ahead with the help we required, the funds will come was this comforting word. We have always realized the need but [illegible] when with [illegible] was lacking and we don't fill justified in going beyond appropriations - in which [illegible] you will commend in He supplied me [illegible] of Yi Sang-ja who was formally [illegible] the Cabinet, 80 yen a month, He was to teach Chinese, History, Geography, etc. He is noted Korean, has severed his term in prison as a potential suspect under the old revolutionary days. He was asked if the YMCA to make the speech for Korea before Prince Ito and the Crown Prince on the occasion of the laying of the cornerstone. Prince Ito later asked me what he had said. Before his coming to the Middle School there was a humble man called [Kim To-hein] teaching Chinese, and he was to be dismissed on Yi Sang-Ja's arrival, but Koreans like Yi took 15 yen not of his salary and gave it to Kim. So Kim is in the school paid by Yi although [illegible] has not lessed Yi's [illegible] at all. Yi, therefore, gets only 65 yen a month—much less than when in government employ, but he gives a name and stand my to the school and me not that to make it go?

Last month I announced to the Station that at next meeting

would bring in a motion looking forward to securing the services of Mr. Syngman Rhee, on his return from America.

You have met him I am sure. Last year he graduated from George Washington University [illegible], and this year he is at Harvard taking a post graduate course. He was member of the Church of Mr. [illegible] Washington DC. He has been a faithful Christina for many years, and while in prison as a political suspect, through his influence In-Yi Sang-Ja was converted and Yu whom I [illegible] of the Bible tract. However, he was not baptized here for fear of displeasing the Methodists, who wanted him very badly to [illegible] their d···sion of the force and who also had some claim upon him. He has joined our church as he told me he intended to before leaving, was baptized by Dr. Hamlin, and we want him on his return. Most of the men who go to American and become Christians are no good. Shall I say they are no good, pretty nearly. The reason seems to be that they have become Christians without any testing and opposition, such as all experience here, consequently, they are a species of [illegible] Christians that is no hard to bat against the [illegible]. Jelly fish Christians grown in hot-houses and nurtured apart from the soul-struggle that attends men who came out here, are soon resolved back into their original pools···[illegible] in . I could name 20 men and more baptized at home, never heard of here, no good at all, in fact of great harm. Mr. Rhee is not of that kind and I shall write of him later. I mentioned last month at the station [illegible] that I meant to propose his name for the middle school. (and later perhaps our College, when it came to pass it at the [illegible] next month. So as to far all a chanced to inquire and find out everything possible about him. I write all this about the Boys Middle School because of its great importance at present.

Rhee's address is 12 Summer Road, Cambridge, Mass. Certainly, evangelistic work has been hindered of late by the Eui-Pyung translated "Righteous Army."They have, from being professed patriots, degenerated into a lob of thieves and robbers. Every morning brings [illegible] of fights between them and the Japanese. Although as I ride along main St. Seoul, I saw a band with their wrists bound being brought into the city, a poor, pitiable lob of fellows who had sold their lives to no purpose. This no doubt, has brought into the church a good many people in the country who hope for protection from the Japanese on the other hand and from the Eui Pyungs on the other.

In the city, however, the conditions are about normal and therefore more [illegible] for the real pushing forward of the work than when such crowds of altogether ignorant [people came]. The men's side of the new church is filled every Sunday. The Women's about 2/3 full yesterday. A week yesterday, we had a sermon by the first Korean missionary being sent out. He goes to Quelpart Island. He is a plain countryman, and it was a task for him to rise and speak before these [lords] of the capital. He took for [illegible] text Matt 11:6 "Blessed is he who is not offended in me, "but he rendered it "Blessed is he who does not cast Jesus away. "He made such an [illegible] honest appeal that he won all hearts. Yi Keui Ping. God bless him in the new world that opens up before him.

Yes, we had a good service. One young lad who had been mildly devil-possessed for many years but had been prayed back to peace and quietness was sitting in front of me. His [brother], a handsome young man who had withstood all [illegible] for many years, has yielded also m··· the last few weeks and now is out fishing for other week. At the close of new service ··· pledges of small amounts to be paid on Sunday every month toward the support of a Helper. Over Helper cook $15.00 a month and Mr. Pledge came to $42.12 some shall have enough for two and something o···. They have [illegible] six months paid off $4600 (yen) ($2300) and will give gladly and willingly. We have not paid helpers, and the children.

W.D. Reynolds with whom I have translation for the last 10 years now leaves Seoul for the South to take the place of vacant of Mr. Junkin. He has been a great help to us here during this year of his sojourn in the Capital. His house must fall [to us] as past of our mission's plant. I am sure the Board will agree to this if in doubt inquire [of Mr. Severence] on [illegible].

We look forward to Dr. Underwood's return eagerly.

As for translation and literary work it cuts very little figure on the mission field, for so few people have ever tasted of its flavor. They use the work when finished and are thankful and that is all. People consider work great and important [only] to the extent to which they have had experience in it themselves. If they have never tasted of it, it is as nothing. As for translation, Dr. Underwood, Reynolds and I know almost a monopoly of the flavor. We are getting not a second edition of the Korean-English dictionary. Thousands of words have been added and then the order of the words have been changed from an arbitrary system invented by the French fathers, which we followed in the first edition with Korean order which puts K first then N. then T then

R etc. This will make the book of much greater value to the Koreans themselves. Since [illegible] friends who see me at the task of distributing 40,000 into pigeon holes dividing and distributing again think "What a picnic it is" We could write a book on flavors as judged of by those who have never tasted." The m.l. is being sent to Japan which Mrs. Gale is seriously ill shall write you later as to how she is a lingering sickness from which at time fear she will not recover.

Annie sends her regards to you.

Parden my long [illegible] letter Yours,

Jas. S. Gale

P.S. This letter was delayed in the posting I add the copy of a letter that has just come to me. It is politics + religion mixed.

Feb. 8th, 1908[1] [Seoul]

Dr. J.S. Gale,

I have the honor to inform you that the ends of your religion in the Pennisular of Korea and the Korean History are at hand.

As you know I am working both for my country of body and life so running from East to West and from North to South and shot down many lives who know nothing about their own duties of bodies and lives but am taking a great care about the Christians.

Suppose you gentleman would know very well that why the Japanese choosed[sic] the peacemakers among the foolish Christians!!! And why you allowed your man to interfere in politics, that is the most puzzling question!! I might say it is the point where the lives of your religion in Korea and the innocent Koreans are ending forever.

I and my country should be killed and destroyed whether boy the foolish peacemaker or not, then the plan for me to do is to kill all the Christians (you first of all) and fire over all the house (yours first) of you, if you do not call back your man [illegible] Choi within ten days hereafter -

Fearing you would name the mistake over me if I do as mentioned [above] after few days without any information and begging you

---

1 이 글은 2월 8일 자 편지에 동봉된 것임. (역자 주)

would think which is the difficult thing to manage, the calling back of you man within ten days or the losing of your life etc.

The term given is the 18th Feb. 1908

Yours Sincerely,
The patriot leader

Here I am answer for doings of the Methodists - it seems. At any rate, I am called upon by the Patriot Leader to stand responsible for the Rev. P.H. Choi's (methodist principal) going to the country in the capacity of an official peace maker against Eui Pyung. I don't even know he had gone. It give you an idea of English as it is... how intense after all is the political situation.

Pardon the lengthy letter ..
J.S.G.

Feb. 19th, 1908 [Seou, Korea]

My dear Sunday School Scholars and Teachers:

How fast the days fly by us. It is winter still but the sun rises over the East Gate now. It was away South of the East Gate at Christmas time. It travels higher up every day and soon Spring will come. Al[l] the hills are brown except where the pines grow. The pine trees are always green and glad looking. They are like our Elder Ko. No matter what happens it is always summer and sunshine with him. When money is needed in the church to pay for school teachers, helpers, etc. he smiles and says "It will come." and it does come. When it is winter he seems warm, and when it is summer he is cool, just like the pine tree. One longs to see pine tree Christians, do not." Christian that do not change four times a year with all possible aspects and colors, but Christians always hopeful, always singing, like the pine trees. Did you ever hear them sing so sweetly and softly? Next time you pass one, listen. Just in front of my window as I write a whole hillside of them are telling us to chee up, be hopeful, and glad. "We are God's pine trees; we are so happy."

Across the street from where I live is a school with a hundred scholars or more. They play outside without any hats on, and their coats are all colors, red, blue, pink, purple, orange, yellow, white, and black. I look down on them from a hill on which our house is, and they look like a lot of butterflies and birds, all clustered together on a swinging log that they have swung up to play on. There is an expression that I used to hear when I was a boy and wondered what it meant, "The gorgeous East." It means the far Eastern world with its bright colors, so that they [sic] story of these bright coated children has travelled [sic] all around the world since long ao. I don't know the names of all these boys and girls who live near here but they all know me and when I go out for a walk or pass them they bow so prettily and say "Key Moksa allenghee Kasseoo" their greeting which means my name and Peace. What would we do without the children? So many old people have their anxieties and worries and heaped up sins and sorrows to darken this world that if we had not the life and joy and sunshine of the children it would turn into Arctic midnight and we would all freeze to death. Thank God for the children. Every Sunday in the church, among on [sic] thousand or twelve hundred people who gather to worship, I look down on two hundred and fifty children or more or more and feel that they belong to you and us and are our hope for the future.

Do you know I like [David] better when he was a boy than when he was a man, and Samuel when he was a boy, and Joseph. What we want out here is a whole world full of boy David's and Samuel's, and we want girls like the little servant who told Naamen where to get his leprosy cured. If you don't know about her, read [illegible] up and see what one little girl [illegible].

This is a very short letter to tell you that I think of you all daily, and see you in my mind meeting together, and I can hear the voice of the Superintendent as he talk at the close of the lesson.

With many good wishes for you all from the other side of the world.

Your Missionary,
Jas S. Gale

May 16th, 1908 [Ping-yang [sic]]

My dear Dr. Brown,

Many thanks for your kind letter and its [kinder] expression of sympathy. Many thanks also to the members of the Board for showing so kindly in the sorrows of another. In times like these, we test the value of friendship and know its worth and its place in life. All the associates and fellow workers have [tied] with each other in building a helping hand and standing by us in the hours of trial. On Mrs. Gale going, so sweetly and beautifully with all the conflict over, our home seemed suddenly launched out into a blank waste, such a sensation I had never known before [illegible] the dear girls. To them, it was even more terrible as they had depended on their mother so much. It was with no little fear that I worked forward to the future in their account but now a month and more has passed and they have taken up the responsibilities of life so cheerfully and tried fully and desire to [tar] out all the best ideals that mama had placed for so bravely that my fears are gone and a confidence that God will guide all their footsteps has taken their place.

Mrs. Gale's illness was long and she suffered much but so many [illegible] of beauty and purity and victory were hers that the memory of it remains as an exalted time away up [above] this [illegible] earth.

[illegible] Mrs. Gale's going Elder Ko[2] (Ko of the Vanguard) has been taken too. He has the Yun Mot Kol Church shining light. He came to Ping Yang to take his third year in theology and while here died. The Ping Yang Church prepared to bury him here but the members in Seoul [illegible] en masse and decided that his body be brought to Seoul. There it was taken and when it came in on the train I saw gathered about the coffin such a group as I had never seen before. Old aristocrats of the city wept heartbroken around Ko's coffin. We had just bought a burial ground for the church and his is the first grave. Ko had no learning, no ancestry, no ability, no money but he had a big heart that loved everybody, aristocrat and coolie alike. More people [lived] in his poor old heart of [illegible] at the same time than that of any one else I ever known. One day shortly before Mrs. Gale left us she said to me "I'd like to see Ko chang-no (Elder Ko)" Ko came into the room and knelt down so reverently by the bed & [say] a prayer that would have touched any heart [commended] her to Jesus. She said to me "Dear Ko chang-no, How I thank him for his prayer." We buried Ko just a month from the day that dear Hattie died.

It all lessens one's hold on this life and gives additional power to the influences of the better land.

Annie, Jesse & I have come on a visit of a few days to Ping Ying. I was invited here to make the address in Korean to the first graduates of the College, the exercise of which came off as the thirteenth, Wednesday also today the corner stone of the Theological Seminary which ceremony came off yesterday. I

---

2 고찬익 장로.(역자 주)

appreciated the privilege greatly of taking part in these two ceremonies that mark distinct epochs in the history of the work.

We shall start back on Wednesday next [illegible]. In the meantime, we are [illegible] stay at the Moffett's very much. Our kindest regard to Mrs. Brown and your family.

Very [sincerely] yours,
J.S. Gale

Sep. 18th, 1908 [Seoul, Korea]

My dear Sunday School Scholars and Teacher:

We have just finished a succession of Annual Meetings that come off in September. WE have our own Mission Meeting; then a Union meeting of all the Presbyterian Missions, four of them; then of all the Mission, Methodists and Presbyterian; then of the Presbytery or General Assembly, and special meetings as well.

One special meeting I wish to tell you about. It was a gathering for prayer. It met on August 20th and lasted till the 29th - ten days, six hours a day in prayer from 10 a.m. to 12, and from 2 to 5 and from 6 to 9 o'colock. In reading Acts Chapters I and Ii it was seen that 120 people prayed for 10 days and were blessed with Pentecost and the outpouring of God's Spirit. This was the desire, that if possible 120 should gather with one heart and mind, to pray to the same Father with full assurance that He would give a blessing, and that He would pour out His Spirit upon Seoul. IN one part of the city a group of shoemakers, twelve of them, met every night on the top of Camel Hill from 10 to 11 o'clock to pray for these meetings. Several times it rained but the singing of hymns was heard from the top of Camel Hill for those ten nights, and the unbelieving townsmen feared and wondered. When the meetings came off, the 12 shoemakers, being poor men, couldn't all come, so they sent three of the member as delegates to the ten days of prayer. When the time came to gather I expected to see about 60 but there were nearly 150. A terrible typhoon raged for three days over Korea, but 122 people were there during all of the sessions of all the days. Most of them fasted, taking only breakfast. To open the meetings, a few verses were read; sometimes a special verse would be read over and over twenty times or more, again a whole epistle would be read slowly through, and then again they would kneel in prayer. Sometimes for an hour and a half, without a break they would be bowed before God, pleading for His blessing upon themselves, upon the city, and upon the land.

As the time went on a great pressure seemed to be upon every heart. Christians broke down and confessed to coldness of heart, unfaithfulness, prayerlessness, and with many tears reconsecrated their lives anew. One young man who had decided to be a Christian, was overtaken by conviction, and unconfessed sin was like a knife within his soul. He said that years before he had changed a bank cheque so that it read $100.00 more in his favor than it should have. "I am a thief" said he, and "the man I stole it from is dead and gone." He brought the $100.00 (equal to 500 American dollars) and laid it on the matting at my feet. "Take it away from me and put it where God wants it," said he, and then peace came to his heart and now he is one of the young men all on fire for others.

Another man said he had been anxious about his son, and felt that he could not attend the meetings, but must go and try to find his wandering boy. Still God seemed to tell him to leave his boy to Him and join in prayer. ON the fifth day a young lad about 18 came to me at the church door and said, "Do you allow any to attend who have not been present from the first?" "Yes, certainly go right in." He said I had no heart to come to such a place a few days ago, but now I want to." He was the lost boy. He came and was gathered into the company of praying people, now a bright Christian lad. There were shouting of joy and gladness before the meetings closed, and so many evidences of renewed life and earnestness that you would have thought it a little return of Apostolic days had you seen it.

I was later elected Moderator of our General Assembly of the Korean Church, and while I appreciated the honor that went with it yet I think I enjoyed the ten days of prayer even more than the meetings of the Presbyterian Assembly.

Our house is now going up and will soon be completed, the contract price is $1910.00 American money. If the whole amount is raised the remaining $90.00 will meet the need in the way of fixing outside shed and gate quarters.

Thanking the scholars and teachers and all the kind friends who have helped us so liberally, and with best wishes to all.

Your Missionary,
Jas. S. Gale

Dec. 16th, 1909 [Seoul, Korea]

My dear Dr. Brown

I have been waiting till you were home before sending you this confidential letter concerning my family and our outlook for the future. The girls and I together have had the happiest sort of life, and among the friends who have come to share our home, and leave all sorts of sweet memories and impressions, you and Mrs. Brown will ever be remembered. Annie is happy in her work and Jesse sunny as the day is long, and yet conditions change for old people as well as young if I instance myself. However much we may desire to keep life in one state quo so to speak, it will not yield. For young people marriage is the ideal state, no doubt, and I looked forward to it for Annie, hoping that it might be in Korea; but this is not to be for she and my nephew, Esson McDowell Gale whom you met in Peking are engaged, hoping to be married perhaps next autumn. He is a Christian man and a fine student. His recent examination just passed puts him at 94% the highest mark ever yet received by a student. Dr. Tenny has written the State Department that he has the making of a first class Chinese scholar. The Diplomatic and Consular Service means, as you so well know, much for missions. They are not wholly another world. Would these two words were closer together than they are. I have always worked for a perfect understanding between the American and British consuls and our Missionaries. I think I have had more to do personally with these consular representatives than any other member of our missions, always desiring that they view the opportunity for the Gospel with equally interested eye. I did not know then that I was to have so vital a link binding me to the diplomatic and consular service as I find now opening up. This is the engagement and Annie goes on with her work for [another] year. I hope she will be a persistent and good missionary wherever she is, this I know, though I would have liked best to have seen her still with us here under the Board, had it so come about.

Another matter which only Annie and Jessie know and fully approve of, that I have not told as yet, I desire to mention to you and Mrs. Brown. When Annie's engagement first became known to me last Spring, I realized the loss from my home, and saw no way of filling the place left by Mrs. Gale first and then by Annie. There was one special friend of Mrs. Gale's whom we knew first fourteen years ago in Japan. She was born in Japan is a thorough Oriental, speaks Japanese, and is at home in the East but not in the West. We have kept up an acquaintance all these years have corresponded and met at times. She is now 34 years of age, and at present is living with her parents in London, England. She was the only one in the world whom I could with all my heart ask to share my home with me. I asked her and she has consented. Her brother is Charles V. Sale chief partner of Sale & Frazar Yokohama. Frazar is a son of Mr. Everett Frazar formerly Korean Consul New York City, whose home was in Orange, N.J. Mr. Chas. Sale has been president of the Chamber of Commerce Yokohama and is known not only as a business man of great ability, but a pronounced Christian as are the other members of the family. Sale & Frazar are agents of the Baldwin Locomotive works, I believe, at any rate, Mr. Frazar was here and sold the locomotives now running in Korea. I mention this to give you some idea of the standing of the family. When we first knew them they were members of the Union Church, Yokohama then under the pastorate of Dr. Meacham, a member of the Canadian Methodist Church. Miss Ada Louise Sale is her name. She is 34 years of age while I am 46, rather a wide difference, still she is willing, and so our engagement stands. People of forty-five and over ought never to marry I suppose, and yet I like to think that my circumstances justify it.

This is altogether agreeable to Annie and Jessie, for Ada was Mama's mode, whom she kept constantly before the girls during the years gone by. We visited their home in London three years ago and then again she and her brother came to visit us in Scotland before we left for New York.

Will this seems a foolish move to you and Mrs. Brown I wonder, I trust not. I love companionship where it is intelligent, Christlike and beautiful, and such I am sure this will be. I feel sure that Mrs. Brown would like her just as Mrs. Gale did.

In all these changes Jessies remain our special treasure, her only danger being that she may be pulled violently between two homes one here and one in China. She and Annie are so good about Ada's coming as they call her. Had it not been agreeable to them I could not have entered to think of it.

If you wish to know more about Miss. Gale Mr. Loomis of American Bible Society, Yokohama or Rev. J.L. Dearing D.B. of the Baptist Mission know her well.

In it all I know that God has guided and that she will be the help and inspiration that I need for the work.

Trusting to have Mrs. Brown's and your good wishes and prayers for blessing every yours.

most sincerely,
Jas S. Gale

P.S. We hope to be married in April next.

Jun. 16th, 1910 [Seoul, Korea]

My dear Dr. Brown

I have just learned from Mrs. Gale that when she was first examined for membership of church it was at Dr. Hepburn's Yokohama. She says she was very timid and somewhat afraid of the questions to be asked and anxious lest she should not answer them correctly. Dr. Meacham of the Methodist Church Canada, now in Toronto, though I do not know his address, was at that time the pastor. He proceeded with the examinations till it became Ada Sale's turn, and Dr. Hepburn helped to ask her the questions, took all her fear away and was so kind that she has not forgotten it. Dr. Hepburn knew her from the time she was a little girl and will speak for her I am sure.

With kindest regards,
very sincerely yours,
Jas S. Gale

Aug. 11th, 1910 [Puk-han]

My dear Dr. Brown

Many thanks for your kind letters and wishes for Mrs. Brown as well. Mrs. Gale, Annie, Jessie and I are at Puk-han, two hours north of Seoul for a few weeks in this hot season. The Underwood's are at Sorai beach in Whang-hai province; while most of the others are Kwan-ak mountain to the south of Seoul about ten miles. The season has been hot but we have had no sickness, and all are looking forward to getting back in two weeks to make ready for the Annual Meeting. I have had the preparation of Seoul Station's Report that has taken some days of labor, now finished and went off to the printers.

Mrs. Gale enjoys life greatly in Korea. She and the girls are the happiest kinds of trio and with her specially kind and genial way. I know she will help so much where the loving heart is king and it is now in Korea. We are very very happin in our home and enjoy every passing hour.

Again a new phase of the political situation opens before us in the arrival of Viscount Terauchi, the new Resident-General. I have not seen him yet. He had a garden party a week ago, to which we were invited, but it was so hot we could not well go down to the city. He comes bringing with him the expectation of annexation, but as yet there is no word of its announcement.

The rumored difficulty is that none of the present Korean Cabinet will continue in office and take the responsibility for its announcement. They are all are resigning and the Resident General is trying in some way to stiffen their resolution to make it hold in spite of annexation. But they say, "If we acceed[sic] to it, we shall assuredly die at the hands of the assassin. Who wants such an office?" So the tug goes on. It is hard to say how matters will be arranged, but annexation sooner or later is bound to come. There is a marked evidence of severity in the Government's handling of the situation now, that did not exist with Ito. Newspapers are being under the ban and discontinued, many of them, among others The Seoul Press, that last Saturday unwisely published a translation of some notes from Hawaii, saying what the patriotic Korean there and in America were going to do in the event of annexation. A dramatic military solution of the present situation with its unrest, in what is proposed, and we shall have to walk circumspectly to keep from coming under its tightening grip.

Since you were here I seem to realize more and more that the young men in our schools are the most radically anti-government natives that one sees. They are ungovernable to a very large degree; want to dictate to directors, principals, superiors, king, cabinet, and everybody. The same story seems true of China, India, Syria, and Egypt, so forth. they young men are one of the toughest problems that we have to meet. Sometimes when the obstinacy and pride of these young fellows rise up to block church and school and everything else that one holds dear, I begin to think that the time may come when we shall have to give over all [illegible] to the Government, to have them [illegible] these boys into law-abiding shape, while seek by all means in our power to get at them spiritually. I see very little chance of governing [such] hot-headed youths in any mission schools. I take my views from the past three years' experience of marked lawlessness, [illegible] Wi-ju, in Pyeng-yang, and many times in Seoul. To govern the church is difficult enough, but to govern a lot of young fellow alone [illegible] is [illegible] the government. And "down with the Japan [illegible] impossible. Only one way is open, namely to have our school [illegible] fitted out, with equipment of every kind and teacher that we will regard am the very best and so [illegible] authority in order to get the advantage. [illegible] difficult when we have to compete with the Government with [illegible] thousands.

I am jotting down my fears as they occur to [illegible] interested you are in the outcome of the present situation [illegible] the future of Korea.

One marked feature of the present time is the [fall of the] value of the foreign missionary. In this intense political atmosphere, Koreans are so [sensitive] and fearful of being governed that even in church matters missionaries have to walk very carefully not to give offense. Sometimes speaking the truth in the kindliest sort of way gives mortal offence; and again if one does not take sides with the ultra-independents against the present government they regard it as the mark of the enemy. Still out of it all we are having emphasised the spiritual kingdom its value in the face of all transient things, and its permanent qua[illegible].

I am so glad to get your reports, am deeply interested in [illegible] and on return to Seoul, shall distribue them where they shall be most appreciated and read.

You ask me why I have changed my opinion concerning the Irvin matter. In view of the conditions when you were here, I expressed myself am feeling that it was best that he should go [illegible] because he was a bad man, not because any of the charges brought against him had any foundation, not because he was not a [illegible]-ful missionary, but simply and solely because he could not get [along] with his colleagues, or rather that some of his colleagues could not stand him. This feeling was intensified by the fact that the church in Fusan was almost to a [man] against him. In day of [illegible] seemed ended, and no I thought better that he [should go]. [Since then], however, the matter of charges in Fusan had proven a black conspiracy on the part of the Ko's whom he had not often befriended. The church people too have since proven that they are by [illegible] against Irvin. To have him compelled to resign in the midst of these rumors, and at the mean time to say that the rumors are not true and in no way apply to him, would I am sure [illegible] such a conflict between his friends at home and the church. In general, that I think it would do more harm than friction [illegible] field, and in the end land us in greater difficulties. I can't but think too of Dr. and Mrs. Irvin being quite exceptional [illegible] aries, she in her school, and he in his hospital, that if they have the hearts of the people still as they truly seem to have, their going would be a very great loss.

This is my opinion. I do feel that Dr. Irvin, in a self-opinionated way has done very badly, for example in keeping that nurse as he did, but he seems to realize this, and desires to be more carefully in the future. I cannot but still feel as I told you that he has been unloved and sinned against, so that the wrong in the mission cannot be made right by his dismissal, but first of all by doing away with the unloving spirit of the past, and extending to him and Mrs. Irvin, even yet, full confidence, giving them a fair show, and helping them to be good.

Now I have weared you out with a long long letter where you have so many letters to read and labor through. We are planning for a large campaign in October in Seoul that we trust will bring great blessings to the city. Your prayers are specially[sic] asked for it.

With kindest regards to Mrs. Brown and many happy memories of your visit,

very sincerely yours,
Jas. S. Gale

Jun. 14th, 1911 [Seoul, Korea.]

The Rev. James S. Gale, D.D.

My dear Dr. Gale

I have just learned from Mr. Day of the birth of a son in your home April 30th and hasten to send to you and Mrs. Gale most hearty and loving congratulations - congratulations in which Mrs. Brown joins me. May God greatly bless you in the little fellow and make him a noble and useful man. I hope he will grow up to be a missionary as judging from the present bearers of the name, we want all the members of the Gale family that we can get.

Cordinally yours,

[A. J. Brown]

Jul. 25th, 1911 [Pukhan, Korea]

My dear Dr. Brown,

Mrs. Gale and I thank you so much for your kind letter and also for the message from Mrs. Brown. The arrival of a little boy in the household here has been indeed quite an event; Jessie thinks him most interesting and we all share her opinion. On July 2nd we had him baptized by Pastor Keel of Pyung Yang when came to service specially[sic] for that service. The day following a photo was taken which I enclose to you and Mrs. Brown. He is called George after grandfather and has a Korean name which he received at baptism also "Cho-Say" (Cho=help and Say=[illegible]) Help the world even though it be but a little. It was chosen for him by my Bible translator Yi Chang-jik who has been with us ever since I came to Korea.

[illegible] has whirled along since you were here and [world] of changes have taken place. I hardly know what to touch in as I unto you. Probably there's never was a time when opinions could differ more widely in forecasting the future than they could at present. Christian work moves along in a normal way with [no] great signs or wonders accompanying and yet as I get letters for the weekly Christian News I find from trustworthy authorities reports of answered prayer and [illegible] of blessing that shows that we have by no means lost [proof] of present blessing. There are no more political agencies helping the cause as there were ten years ago, nothing now but a desire to get to know God in [war] to escape from a [self of sin] and other sources of misery. The interest of the newcomers keeps up and more and more there are these joining the church who have known and longed for years to be Christians.

The government is giving us no troubles and yet there is no lack of attention & thought shown toward the church. It should be regarded as a matter of gratitude of the Japanese if the Japanese & Korean churches could come closer together and toward this end. there are efforts being put forth. Recall they have invited leading Korean pastors and elders to take a trip to Japan all their expenses being paid by the church there. The Seoul Press today gives the names of those who have accepted and who were going. There are twelve Methodist pastors and seven Presbyterians besides four workers from the Y.M.C.A., the Presbyterian passing who have accepted are Kim Chang-Kyu of Wi-ju(Eui-ju), Yang Chun-Paik of Syn-Chun, Chu Kong-Sam of Pyongyang, Yi Wun-run of Chai-yung, Kim Chan-il of Taiku and Han Suk-Chin of Seoul. Besides Elder Yi Yohan of [No.] Central Church Seoul is going. This makes a representation [illegible] [noting] as to [influence] in the church but also as to [locally]. They leave here in the 28th and expect to return about Aug 12th. Doubtless, a very cordial reception will be given to them. As to the [illegible] of this in the future we can only go forward in faith and trust that as God blesses good will [believers] he will bless the Japanese Church through the Korean in a way more than to repay for any [true] kindness [shown].

We have recently had a visit from Dr. W. W. White and have

been encouraged in our effort to provide a Bible School here in Seoul for the leaders of the church. We have had for a number of years Korean representatives of the Holmes Mission, Cowman and Kilbourne [YMCA], who have been carrying in a work. They have according to their usual methods been taking leaders, helpers and church workers from other denominations when they could get them. They have done their best to pillage my church and have taken from Pyongyang province and Whang Ha also. Their proposition was to establish a Bible School and teach the leaders for the whole country. This year they have sent a [foreign] missionary, a [Welshman], [Mr. Thomas] and that has hastened the need of our having a Bible School. Korean leaders are determined to study the Scripture and if they couldn't get it with us they will go elsewhere to "[illegible]" whenever they can get it. The result of Dr. White's visit is that we have arrived at a [Irvin] School of which he is tentatively acting as President, Underwood, administrator and I am Secretary. We hope to open work in October on property recently bought of the Methodists. I hope that this will commend itself to you as I am sure it will. You know the same [illegible] of [helpful] teacher that Dr. White is. He commends himself to all here if we except the Holiness Brethren. They do not think that he is sound and sanctified as he might [think].

The needs [about to] press more and more heavily and especially the need of equipping our leaders for all that they will have to meet in the picture.

Now I must close with many messages of goodwill & thanks from us all.

Ever Yours Sincerely,

James S. Gale

Aug. 21st, 1911 [Seoul, Korea.]

Rev. J.S. Gale, D.D.,

My dear Dr. Gale

I am deeply interested in your letter of July 25th, which arrived Friday night, and which I read on the train going home. Office interruptions do not give much opportunity for reading letters.

I am delighted by the photograph which you enclose. Mrs. Brown is at our summer home in Massachusetts, but I shall take it to her when I go up.

I have had no official action from the Mission or its Executive Committee regarding the proposed union Bible School in Seoul, but letters from individual missionaries, yourself included, speak of it as something that is being definitely pushed. I venture to hope that this important matter will not be handled as an independent enterprize [sic] by individual missionaries, but that it will be take up in the regular way through the Mission and the Board. The whole question has been fully discussed New York, in connection with similar projects in China.

The essence of our position here is that we are strongly in favor of union training schools for Christian workers, but that the training of such workers is one of the most solemn obligations of the church, the missions and the Boards, and that we cannot abdicate that obligation by turning it over to any independent agency. The churches and the Boards must control the institutions themselves. There is no valid reason why such union schools cannot be managed by field Boards of Directors, composed of representatives elected by the co-operating missions on the basis of a constitution and terms of union which have been officially approved by the Missions and the Boards, just as we are now managing colleges and theological seminaries in the Shantung Christian University, the Nanking University, and the North China Union College. The Rev. J.C. Garritt, of Nanking, who has been locally nominated for the presidency of the union training school for that city, and to whom we wrote regarding our views, replied as follows:

"Your remarks regarding the Bible Teachers Training School are vey much after my own mind. Neither the Board nor the Mission could abdicate its responsibility toward [sic] the training of the leaders of the Church of to-morrow. I have just written Dr. White explaining to him the situation as it stands at present. He is coming out to China this summer so that we shall be able to explain the situation to him and meet any difficulties and arguments that he may put forward. HIs plan for a detached and self-perpetuating Board of Managers for the Training Schools has not appealed to a number of the missions. We now propose that A Board of Mangers should be appointed, each of the Missions entering the work having the right to select their own representatives. These will be able to decide the affairs of the school with the same ease and in the same way that our present Board of Managers of the University of Nanking are doing."

We are strongly in favor of union training schools; but I do not believe that here is the slightest probability that out [sic] Board would agree to schools that are controlled by independent and self-perpetuating Boards. It seems to me that the basis of organization should be substantially that which is working so well in several union institutions, as for example, the Shantung Christian University.

As Dr. Underwood and Dr. Moffett have both written me on this subject, I am writing them to the same effect.

Please remember me cordially to Mrs. Gale, and kiss that baby for me. I wish I could see the little fellow.

Affectionately yours,
[A.J. Brown]

Jan. 30th, 1915 [Seoul, Korea]

Dear Friends

It seems likely that neither the Majority nor the Minority Report of the Executive Committee minutes concerning the board Letter 249 (Paragraph 7, Executive Committee, January 26th-27th, 1915) will receive the two-third vote necessary to pass an ad interim action.

The Executive Committee not having felt itself ready to accede to the Board's request (Board Letter 249, Page 7, Top Paragraph) the friends of Seoul College are not free to go ahead with the organization as per same Paragraph. It seems wiser to wait and give the Mission a chance to vote on the Minority Report.

If the Minority Report should not pass, will you participate with others in following out the Board's authorization, as contained in Board Letter 249, Page 7 Paragaph I, which says:

"_____if the member of the Executive Committee do not feel prepared to do this ('the immediate election of the representatives on the Field Board of Managers') the Board does not desire that they shall act contrary to their judgment, and in that case the Board authorizes such member of the Mission as are willing to do so to represent the Board in organizing the College at Seoul in co-operation with the representatives of the other

Mission."

and help to choose our members on the Field Board of Managers to the Union Christian College for Korea?

Will you kindly vote on the accompanying sheet for three men to act on this Board and send your vote to Mr. John F. Genso, Seoul.

If you decline to vote please notify Mr. Genso of that fact.

On February 15th, 1915, those who find it possible will meet at Mr. Genso's at 2 p.m. to count these votes and declare the election, if there be one. You are cordially invited to be present.

[signed] J.S. Gale E.W. Koon J.F. Genso J.M. Hirst

Nov. 16th, 1919 [Seoul]

My dear Dr. Brown

I was away with Mrs Gale and Georgie in the Diamond Mountains when your kind letter reached Seoul. Thank you so much for you sympathy and Mrs. Brown's. We never knew that the calling away of a little laddie not yet two years old would make such a difference in our home. There seem no words available by which to tell the loss. He was just old enough to say "Papa", and among other things when I took him about the garden in the morning he would point out the birds with his little hand and say "To-to, to-to" the Japanese word he had learned from the amah (Japanese). The day after he died Georgie said to me, "Papa, I expect baby is pointing out the little birds to God this morning, isn't he?"

This is Georgie's view and I had no desire to correct it. George had always been a great favorite of Mrs Scidmore, the Consul's mother. He used to pay frequent visits and get her blessing, but she died in Yokohama last year at 90 years of age. She had never seen Vivian and this rather troubled George, so he said to me one day, "Papa, I think the angels will take Vivian to Mrs Scidmore and say, 'This is Mrs. Gale's little boy and how Mrs. Scidmore will love him."

He is got, as far as this world goes, like a little angel boy and heaven is the nearer and dearer.

The situation kindly gave me leave for a month to see the Diamond Mountains so we left about the end of September and had a glorious trip among the autumn colors, such colors as had heard of but never seen before.

The whole region has been a most famous national park for a thousand years, famed in China as well, known specially to Kublai Khan and his Mongol successors. I wish you and Mrs. Brown might see it. When you come next time let me pilot you there.

With kindest regards and very many thanks,
[illegible] Sincerely yours,
J.S. Gale

Oct. 28th, 1919 [[Fix 5 Milner] Road, Bournemouth]

Dear Dr. Griswold,

Many thanks for your kind letter of Oct. 8. I [read] the rule of the Board regarding furloughs, and shall so arrange my plans. I now expect to take ship no later than February. That would give us four months here. The fact that my furlough has come after twelve years of [illegible] leads me to think that the Board may give me a month or two more [for] America than the regular furlough but that will come later. Very many thanks for the Board's so kindly letting us have this time in England where my wife's people are.

Could you kindly send me what is due [illegible] in [house] allowance. I landed here Sep. 7th. Of course my steamer tax has been all paid me to New York as I have no [claim] to you on that account.

With Kindest Regards & Many Thanks.
Sincerely yours,
J.S. Gale

Apr. 20th, 1920 [401 Centre St., Bay City, Michigan]

My Dear Dr. Brown:

I am opposed to the petition of the fifty-two members of the Korea Mission. As I view the matter this attempt to move the Assembly in their favor and against the Board was born of a failure to live up to their contract, a breach of faith in fact. Years ago when the question of the College location came up we accepted the Joint Committee in New York as our umpire in the matter. The proof of our acceptance of this Committee as such was seen in the individual letter that was sent to each endeavoring to move this Committee in their favour. It was a definite understanding on the field that this Committee's decision would be final, otherwise our letters would never have been sent. There was no question of majority of our Mission or number of votes cast for it was an inter-mission matter. When the disaster came some of the leaders announced that there was a flaw in the power of the Joint Committee and from that day to this we have had no peace in our Mission work. I voted in favor of Pyengyang but felt bound to acdept the decision as final when it came even though against us.

Where the petitioners might say that their action is not related to the College matter I am convinced that it is part and parcel of the same. Had we had no disgruntled group over the College matter we would have had no petition today. The petition finds its origin in a matter that may well cause us alarm, a matter that has certainly given us years of unhappy experiences and I am opposed to it. Any petition born from a happy spirit and seeks the good of all concerned I am willing to look upon with respect, but this that gathers about it so much of a party spirit and so much unfavourable criticism of others who do not see their way, I am opposed to and trust that it may be negatived in as a short a manner as possible.

With kindest regards,
Ever sincerely yours,
J.S. GALE

Apr. 22nd, 1920 [Bay City, Michigan]

The Rev. J.S. Gale, D.D.,
401 Center St.,

My dear Dr. Gale

You will appreciate the interest with which I have read your letter of April 20th about the petition of the fifty-two members of the Mission to the Executive Commission of the General Assembly. We heard nothing further from the petitioners, but pastors in various parts of the country are writing us to the effect that copies of the Petition and documents relating to the subject have been sent to the Stated Clerks of Presbyteries with request for overtures to the General Assembly. And so the pot confutes to boil.

Mrs. Brown and I have delightful recollections of your little visit in New York and we hope to see you again at the Post War Conference.

With warm regards to Mrs. Gale,
I remain, as ever Affectionately yours,
[A.J. Brown]

Jun. 3rd, 1925 [Seoul, Korea]

To the Executive Committee, Presbyterian Mission, North.

Dear Brethern,

Knowing that the order of future furloughs requires on your part a large amount of consideration, and realising, too, how important it is that you know well in advance on what to base your decisions, I would like to bring to your notice certain matters that affect my own term of service.

On December 15th 1928 I shall have been a missionary in Korea forty years and would, therefore, had I been all of that time a member of the Mission be entitled to retire. But I did not really belong to the Mission till three years later namely the beginning of 1892, I am therefore, actually not entitled to retire till the beginning of 1932.

Certain consideration, however, may somewhat modify your view regarding the matter and these I would like to present.

1. I came out first of all from Toronto University Y.M.C.A. after correspondence with Drs. Allen and Underwood to work as an associate of the Presbyterian Mission. No special Y.M.C.A. work or separate missionary effort was for a moment contemplated. Being a Presbyterian I was to associate myself with the Presbyterians

on the field and land's helping hand. These were my orders.

2. My first three years in accord with this were passed thus:
Dec. 1888 to March 1889, I lived with Dr. Underwood and occupied a part of one of Mission houses where the Giffords lived later.

On return in July 1889 I went to the Han River, near the Foreign Cemetery and there lived with the Underwoods and helped Dr. Underwood in his work on a pocket dictionary. For this reason my name appears, quite unworthily, on the title page.

Sep. 1889 to June 1890, I went to Fusan to gain some acquaintance with the far south, to Taiku and Kyung-joo. All of this time I was specially engage in language study and doing what I could at pioneer missionary work.

June 1890, Dr. Heron paid a visit to Fusan to see a daughter of Mr. Hunt Commissioner of Customs who was ill. On his urgent request I came back to Seoul with him.

June 1890, Dr. Heron died, the first death in the Mission. I was the only one present with him when he passed away.

August 1890 to March 1891. Lived in Seoul busy at language study, teaching in the school and taking part in the regular church services, lending a helping hand.

March 1891 to June 1891. Went with Dr. Moffett on a long journey of investigation, on foot to Euijoo and then by cart to Mukden. By cart again to the Yaloo, then by Chasung, Hoochang, Changjin to Hamheung and back to Seoul, a journey that was of service to the Mission later. [Saw] Dr. Ross in Mukden who had had to do with Korea indirectly and had translated the News Testament.

July 1891 to Dec. 1891 was in charge of the Boys School, Seoul, where I lived and taught.

This accounts in outline for my three years of preparation. All that I found to do and all the preparation I had gathered were put to the service of the Presbyterian Mission. These three years would probably have been spent in just the same way had I been a full member of the mission.

3. In case, however, that the letter of the law should seem best to adhere to and make the retirement date from 1931, I would like to give the following information that more or less bears in the three years:

I have had only three furloughs. The one due in [1920] after eight years would make four in forty years or thirty-seven years. Five furloughs would be due during that time so that I might say one year could be taken from the three leaving two years to account for. Should we now go home and stay a year (that is in 1928), that would be one year more leaving only one year to account for. My first three virtually given to the Mission without any cost might perhaps do it make up for this extra year.

I would further say that I was once off for six months in 1903 to Europe and back. To square this up I would be willing to put off our furlough till the summer of 1929.

I may add further still that I have never been off for sick leave or invalided from my work. A month would about cover the longest time I have ever been laid aside.

Were it not that I have a little boy at home whom I will not have seen by that time for nine years I really would not care to go. Rather than go home and come back for a year I would be willing to abide your decision to stay as long as you thought best that would make my going final.

If possible, in fairness to the Mission, I should like to go on honorable retirement in May or June 1929.

Thank you for your kind consideration of my case,
Very Sincerely yours,
James S. Gale

Oct. 20th, 1925 [Seoul, Chosen (Korea)]

The Rev. James S. Gale, D.D.

Dear Dr. Gale:

I read with deep interest your letter of August 31. I had to hold it until after the meeting of the Board at which the Minutes of the Annual Meeting of the Mission were considered. I am sorry to be obliged to write that the following action appeared to be necessary:

"The Board regretted that the way was not clear to comply with the request of the Chosen Mission in Annual Minutes Appendix I to take into account service prefer to appointment by the Board in computing the date at which a member of the Mission will become eligible for honorable retirement, the rule clearly stating that " the period of service contemplated in the retiring regulations is the time during which the missionary has been actually related to the Board of Foreign Missions as a regular missionary under full commission ..... excluding all time during which the missionary was not related to the Board as a regularly appointed missionary." The Board deemed it inexpedient to set a precedent which would apply to a considerable number of other cases beside the one referred to by the Mission."

Quite apart from the question whether you should be eligible to honorary retirement at the prior indicated, I have some misgivings about the advisability of a man of sixty-six, as you will then be, giving up his life work, unless some question of health or other decisive consideration is involved. I am simply writing out of my own heart to a brother co-worker whom I have long since learned to love as well as to honor for his work' sake.

I am delighted to have the handsome volume of "The Cloud Dream of the Nine". It is an exceedingly attractive book. The pressure upon my time since my return from the Conferences in Europe has been so heavy that I have not yet been able to read it through; but what I have seen of it has aroused my deep interest and convinced me that it has all the literary charm which has characterized your other writings.

With warm regards to you and Mrs. Gale,
I remain
Affectionately yours,
Arthur J. Brown

Aug. 1st, 1927 [86 K···St···. Ontario]

My dear Dr. Brown,

Here we are enjoying the delightful fresh air of August in Canada with the trials of Korea's summer season only a memory. I read this a.m. of [The Fo···a's and Baldwin..'s welcome ···] Shall I say it reminds me a little of our own send off in Seoul where marquess, viscounts, and barons, as well as dear old [Chinese] people were at the station to say goodbye. Archbishop Mutel and the French and German folks were there as well as the Vice Governor [illegible] with messages and a gift from the Governor-General. My own dear [members] also was about?. Already they had begun annual meeting in PyengYang and had said their goodbye before.

I come home with problems on my hands that I put in your kindly care to have solved for me. Mrs. Gale's state of health, which has virtually kept her a prisoner for several years, [forbids] her going back. The extremes of summers and winters have [illegible] heavier and harder as the year go by. Dr. McLaren of the Severance who is now on furlough in Australia has been her physician and has done his best. The other morning in Keloria she started out hopefully for a little walk but when we reached our destination collapsed and I had to call a taxi and bring her [home]. The change of air here has braced her up and at times she seems quite well. Whether it be nerves or circulation (disordered) I don't know but she is a great sufferer, although originally very vigorous and full of cheer.

Besides my wife's health, I have my little family to care for. My boy George, now sixteen, has never really seen his little sister of eight. We have been shut away from him for eight years nearly and my desire now is to get my family, together for what remains of life. Had I not the question of my family I should never leave Korea for there is my home and my own people. [Thus] I hope to work for them [of] my pen [if] no other ways as long as I live.

When my furlough ends it will be 40 years since I was appointed by the Committee of YMCA University College Toronto to go out and lend a hand in American Presbyterian Mission. We wrote Dr. Allen and Dr. Underwood before deciding and on their directions, I went forth joining them in Seoul in Dec. 1888. I need not mention the particular work I was engaged in 1889, helping Dr. Underwood on his Dictionary or in 1890 when I had charge of the Boys School or in 1891 when Dr. Moffett and I made our long journey through Manchuria and the North. I might say that the first three years, as I have seen them, are the most expensive years the Board has had to meet in regard to the missionary. For this [time] they are going through that preparatory state that means little for his adventure work and much outlay. I took charge of my preparation year myself. They cost the Board nothing and yet the Board was given the full benefit of them all. When appointed I was already in full charge of work. Let me boast a little please, I may hate to hear another boast of his work but have a wonderful tolerance toward my own. When the Board appointed me early in 1892 I was already preaching Sunday mornings and [this] I continued to do 'till Mar 17th of the year. Other foreign missionaries were set aside and Koreans did their own preaching. [illegible] many times expressed was to step aside too but they held me fast till this very year. This speaks for the preparation I made in those first three years. I really, however, have no occasion to [boast] at all. Others did their best and so did I. The many [respect] they did better than I. May I add as to work done that I have left my completed one of the third edition of the Korean-English dictionary to which I added 35,000 words over and above the second edition, largely lost in the earthquake. this is now going through the press in [June] and will take almost 3 years to complete. Shall I say that this gives me a [illegible] in the work for three years still to come. You will see by my [frantic] efforts [illegible] the most get that I would like the Board to account my work as done. I am not anxious for any honors but I am anxious that the Board should feel that I have not [shame] my job but have done my full measure. Adding my furlough I shall have done about 37 full years in His service of the Board, have never been off for sick leave, and have been home only four times including our present furlough. The Mission feels quite as I do and Dr. Moffett said on bidding goodbye "I hope the Board will overlook the technical irregularity and give you full credit." What I would like them of the Board to kindly grant is that I be released from returning to Korea and be put on as [illegible] a pension as the circumstances seem to warrant. I have saved no money as a missionary, all having been required, sometimes more, to meet the needs. If I can do anything that falls within my power to meet the Board's [illegible] I shall be so glad to do the best I can. I had thought of asking permission to live in Victoria B.C. The next station to Yokohama when I could be in touch with Orientals and still land a hand in His work of the Korean Christian Literature Society but I cannot get my little boy away from England till his course in the middle school is completed. In view of this, I would like if Mrs. Gale can face the journey, to go to England leaving Oct. 26 on the Empress of [illegible] Of course I would pay my own fare.

Kindly take on these problems of mine and decide for me what you think best. It is a heart-breaking business to leave Korea and yet the factor enters which makes it easier - the most noted factor in the problem of East Asia, a factor that has upset China [illegible] and will not be solved for years to come It is this, a new generation has come on that knows nothing of this father's trial has a smattering of the West, but not yet not the west, so that it is neither East nor W West. It cannot read no father's records or know his moral standards, his ideals, his religion, his civilization In fact, the generation [illegible] knows nothing of the East whatever. You will know that it knows nothing of the West except what it gets through the moving picture, the [illegible] novels translated, or the newspaper.

There is the Brothers of the East today. The experience of past years like my own appeasing to the passing generation not to [illegible] When I think of what Underwood, Appenzeller and the other younger missionaries have [illegible] I feel my deepest heart of sympathy go out toward them for a problem it surely is, especially with ....this is the right time for me leaving Korea, to leave since the older generation with all the splendid fruits of missionary effort is gone or fast going. The newer generation [illegible] a [illegible] entering different and presents a complex problem such as the mission field has not seen before.

Excuse the long letter. Kindly take its need not your care and decide as you think best.

Ever your sincerely,
James S. Gale

P.S. My kindest regards to Mrs. Brown, please. JSG

Jan. 21st, 1928 [14 The Paragon, Bath, England]

My dear Dr. Brown,

Many thanks for your kind letter of Dec. 2nd. It comes as a great relief. I really did not know in the light of recent Assembly decisions how I was to make a future for an invalid wife, a boy of sixteen and my little girl of nine. However under the old plan, which, as you say, I am free to elect to, I can make it possible. I therefore elect to take the old plan with its 37/40ths of the eighteen hundred dollars. My heart is in Korea as it has been these last forty years, but I cannot take my wife or my children, and to leave them at this important time in their lives would be a great wrong.

While in England I want to aid by my pen in any way I can the work of missions in the Presbyterian Church at home, and so shall send as opportunity offers articles to Mrs. Dimock.

My son, George has had the best of Christian influences in his school and has been trained by thoroughly efficient teachers, still he shows his loss of home and family circle for all these years. WE have just had him for twenty days here with us in Bath, our own little family only, and it has been a most happy experience for us all. Yesterday he returned again to his school, Monkton Combe, while Alexandra is at a Girls Institute called the Hermitage. It was formerly the home of the unfortunate poet Chatterton. There are about 70 girls may they do better than he did.

Bath is a most interesting town from a historic point of view. Romans, Saxtons, and Normans have all a part here, while the 18th and 19th Centuries are placarded in brass on door jams and walls: Chatham Wilberforce, Goldmisth, Siddons, Garrick, Gainsborough, Livingstone, Nelson, Disraeli. I often think of the text as I walk the streets, "Wherefore seeing we are compassed about by so great a cloud of witness,"

Many thanks for your kind letter of introduction. I shall find occasion to use it. As yet I am unacquainted with the members of the presbytery here and have attended only the church just opposite where we live, which at present lacks a regular pastor.

It is called Trinity Presbyterian Church and was built about 1760 by the Countess of Huntingdon and opened by George Whitefield. Hre[sic] Wesley preached in 1760. Now I must close with kindest regards to Mrs. Brown from Mrs. Gale as well as myself.

With many thanks ever yours sincerely,
James S. Gale

Mar. 6th, 1928 [16, The Paragon, Bath, England]

The Rev. James S. Gale, D.D.,

Dear Dr. Gale:

I received in due time your letter of January 21 in reply to mine of December 22 and I noted your request that you be please on the Honorably Retired list in the way indicated in my letter. I had to defer action until the report of a special committee that was working on the New Service Pension Plan, which involves many perplexing questions. The main problems have now been ironed out and will soon be sent to all the Missions in a general Board letter. Meantime, the Board at its meeting yesterday felt that the way was clear to take action as far as you are concerned. Our regards show that your furlough will expire July 15, but in order to make sure that you have the benefit of full thirty-seven years of service the following action was taken:

The furlough, with home and children's allowances, of the Rev. Dr. and Mrs. James S. Gale of the Chosen Mission were extended from July 15 to August 31, at which time Dr. Gale will have completed thirty-seven years of missionary service in connection with the Board and at his request he will then be placed on the honorably retired list on a pension of 37/40 of $1,800., Dr. Gale in his letter of January 21 in reply to Secretary Arthur J. Brown's letter of December 22 having written that he elected to choose this plan instead of the New Service Pension Plan."

I hope, dear Dr. Gale, that you will keep in occasional touch with me. Remember that you and Mrs. Gale will always have friends in this office, that we love you both and want you to be assured of our continued interest. We thank God for all that you did in Korea and I confess that I wish that you had elected to return there to fill out at least three more years.

With warmest regards to you both in which I know that Mrs. Brown would wish to join, I remain, as ever,

Affectionately yours,
Arthur J. Brown

Oct. 16th, 1930

Dear Dr. McAfee,

I can see how heavily loaded your desk is every morning calling your attention to countless needs and bespeaking your influence for this, and that, and the other, and so I have delayed adding my word of appreciation and delight at your appointment to the very important office of Board Secretary. How well you are prepared to take up its duties, and how helpfully you will discharge them. Your missionary interests through long years are just the experience needed. Your kind heart, too, and simplicity of faith in the old doctrines will bring down blessings upon the dear company in Korea whom we think of and pray for every day. In my prayer hour of the early morning, 7 in order to concentrate my thoughts more definitely, I make a markK o r e aand then in imagination I see them all pass before the dear Lord, while I say "Bless them, this one, and this one, and this one." Every morning, from five to six, I feel that I am in speaking distance of them and can hear their voices. It is the joy of life this link that we have with one another.

How very happy is my memory of our acquaintance in New York in the days gone by. I remember our few meetings with special gratitude and now, to think that you are the link with Korea to bind the home church and those dear folks together is a great joy. Being in England we count ourselves a sort of half way house to folks coming and going, and are so happy to welcome them. We have just had a visit from Mr. Scranton, a mother and grandmother of countless consuls and consular agents. She was in the M.E. Mission and was in Korea when I landed there over forty-two years ago and has kept young and active as ever. We have had the Hirsts and household here. Bishop Trollope of the Anglican Mission spent four days with us last month. We are looking now for others as they come and go.

I have many calls here to take a part and lend a hand. Sing that I was the missionary of the Sunday Schools of Washington D.C. for so many years I like best of all to help out S.S. Teachers and speak for them so as to give them a rest off from their hour. At the request of the Executive Committee of our Mission I am endeavouring to write a book on Korea but the task is beset with many difficulties. I shall try, or rather am at it now, and will report later.

Love from us as a household to you and Mrs. McAfee.

Ever yours [sincerely]
J.S. Gale

박종철

장로회신학대학교 신학과를 졸업하고, 캐나다 요크대학교(York University)에서 서양 철학과 프랑스어를 전공했다. 고려대학교에서 동양철학으로 석사 학위를 마친 후, 벨기에 루벤대학교(KU Leuven) 중국철학 박사과정에서 수학했다. 연세대학교 상담코칭학 박사 과정을 수료하고, 현재는 연세대학교 상담·코칭지원센터에서 레지던트로 근무하며, 상담 과 연구를 계속하고 있다.

내한선교사편지번역총서 11

제임스 게일 선교 편지

2023년 6월 13일 초판 1쇄 펴냄

지은이 제임스 게일
옮긴이 박종철
펴낸이 김흥국
펴낸곳 보고사

책임편집 이경민
표지디자인 김규범
표지사진출처 [앞면] Presbyterian Historical Society(https://digital.history.pcusa.org)
　　　　　　　[뒷면] 미국 프린스턴신학교 도서관, Moffett Korea Collection
　　　　　　　(https://commons.ptsem.edu/id/pyengyangseminar96unse)

등록 1990년 12월 13일 제6-0429호
주소 경기도 파주시 회동길 337-15
전화 031-955-9797(대표)
팩스 02-922-6990
메일 bogosabooks@naver.com
http://www.bogosabooks.co.kr

ISBN 979-11-6587-525-1
　　　979-11-6587-265-6　94910 (세트)

ⓒ 박종철, 2023

정가 18,000원

〈이 번역서는 2020년 대한민국 교육부와 한국연구재단의 지원을 받아 수행된 연구임
(NRF-2020S1A5C2A02092965)〉